edition unseld 10

Anstelle von materiellen Dingen wird heute in unserer Gesellschaft vorwiegend Wissen produziert. Kultur als der Zusammenhang aller möglichen Interaktionen in einer menschlichen Gesellschaft fixiert und transformiert das historisch erwachsene Wissen, in dem sich diese Kultur etabliert. Wissen ist dabei auch nicht einfach die Summe der einzelnen Köpfe dieser Kultur, da diese ihr Wissen ja immer erst im Zusammenhang der Kultur, in der sie agieren, gewinnen und fixieren können. Was sind dann aber die Kriterien, an denen Wissen und Information zu bemessen sind, und inwieweit sind Wissen und Information dabei dann überhaupt voneinander abzugrenzen? Informationen sind zunächst einfach nur Mitteilungen oder Nachrichten. Solche Informationen sind, suche ich sie zu verwenden, dann aber auch zu bewerten, also auf den Gesamtkontext der schon verfügbaren Informationen zu beziehen. Diese Informationen werden demnach einander zugeordnet. Erst in dieser Ordnung entsteht Wissen. Schließlich werden in der Strukturierung der Informationen die Nachrichten zu den Teilen eines Ganzen, in dem sich ein Bild formiert, das mehr ist als die Summe seiner Teile. Der Autor untersucht die Bezugsrahmen, in denen Wissen entsteht. Dabei entdeckt er eine Art übergeordnete Instanz, die einzelne Daten zu bewerten erlaubt. Der Text berührt sowohl alte philosophische Traditionen wie auch – ausgehend von neurobiologischen Befunden – die mathematisch-technischen Funktionen einer modernen Wissenschaftskultur.

Olaf Breidbach, geboren 1957, Lehrstuhl für Geschichte der Naturwissenschaften, Direktor des Institutes für Geschichte der Medizin, Naturwissenschaft und Technik der Friedrich-Schiller-Universität Jena sowie Direktor des Museums »Ernst-Haeckel-Haus« und Leiter des Bereichs Theoretische Biologie, Sprecher des Sonderforschungsbereiches *Ereignis Weimar-Jena. Kultur um 1800*. Mitglied der Leopoldina und der Göttinger Akademie der Wissenschaften.

Neue Wissensordnungen
Wie aus Informationen und Nachrichten kulturelles Wissen entsteht

Olaf Breidbach

Suhrkamp

Die *edition unseld* wird unterstützt durch eine Partnerschaft
mit dem Nachrichtenportal *Spiegel Online*. www.spiegel.de

edition unseld 10
Erste Auflage 2008
© Suhrkamp Verlag Frankfurt am Main 2008
Originalausgabe
Satz: Libro, Kriftel
Druck: CPI – Ebner & Spiegel, Ulm
Umschlaggestaltung: Nina Vöge und Alexander Stublić
Printed in Germany
ISBN: 978-3-518-26010-4

1 2 3 4 5 6 – 13 12 11 10 09 08

Neue Wissensordnungen

Inhalt

Annäherungen

Wissen entsteht geschichtlich. Es ist das Manifest einer kulturellen Tradition, hat aber auch über diese Tradition hinaus Geltung. Auch unsere heutige europäische Idee von Bildung steht neben einer Fülle anderer, existenter wie untergegangener Angebote. Die Ideen einer sich auf den Computer stützenden Kultur sind eindeutig: Wir horten Informationen, verlagern sie in ein weltumspannendes Netz und können dann sicher sein, daß sich in diesem Netz all das einfangen läßt, was wir wissen müssen. Nur – wie finden wir in diesem Gefüge von Verweisen, Archiven und Registraturen das, was uns zu wissen nötig ist?

Wissen ist das, was uns befähigt, zu erkennen, was wir an Informationen nötig haben, was wir wann und wo nachzuschlagen haben, was wir offenlassen können und was es bedeutet, das eine oder andere Detail registriert zu haben. Der Computer sagt uns nicht, was Wissen ist. Wir können ihn nur dann richtig nutzen, wenn wir wissen, was wir wissen müssen. Daß ein einfaches Mehr an Informationen Wissen erzeugt und ein Mehr an Vernetzung das *World Wide Web* lebendig oder doch mindestens selbst zu einer Intelligenz macht, ist ein Märchen aus der Stube der Science-fiction-Produzenten des vorigen Jahrhunderts.

Was aber gilt ist: Wenn wir viel wissen, können wir mit Informationen besser umgehen. Wie aber bestimmen wir dieses Wissen? Ist Wissen eine individuelle oder allgemeine Sammlung von Informationen, oder ist Wissen der Rahmen, in dem die Informationen interpretiert und damit überhaupt erst verfügbar werden? Informationen sind Einprägungen der Außenwelt in unser Erfahrungsgefüge, sie kommen von außen. Erst dann, wenn wir sie in eine Ordnung eingebunden haben, sind sie uns so verfügbar, daß wir sie bewerten und dann an ihnen und mit ihnen weitere Reaktionen, Planungen und Handlungen ausrichten können. Wäre da nicht diese Ordnung, in der das zu Wissende eingefangen und zu bewerten ist, könnten wir mit den uns erreichenden Informationen nichts Sinnvolles anfangen.

Wissen wäre somit eine *interpretierte* Information. Es bestünde nicht einfach in der Aneinanderreihung von Informationen, sondern in der Form, in der diese Informationen zum Teil eines Ganzen werden, aus dem heraus und auf das hin wir agieren. Wissen ist demnach durch die Ordnung bestimmt, in der wir es präsentieren. Wie aber ist diese Ordnung selbst definiert? Ist es tatsächlich das Außen, das sich hier widerspiegelt, oder sind wir gewissermaßen in ein selbstreflexives Spiegelkabinett verbannt, in dem wir das, was wir Außen nennen, allererst konstruieren? Die Information wäre dann nicht einfach ein Abdruck, den wir aufnehmen und archivieren, sie wäre Teil eines in sich bestimmten Gefüges uns möglicher Urteile. Die Ordnung des Wissens stände vor und nicht hinter dem Gewußten. »Nur wer mich kennt, der wird mich hier erkennen«, schrieb HEGEL unter ein Abbild seines Gesichtes.

Wissen ist somit mehr als Information. Die Vorstellung einer informationsverrechnenden Maschine, die genau weiß, was sie tut, da sie ein Regelwerk besitzt, in dem alle ihr möglichen Reaktionen wie auch deren Wirkungen verzeichnet sind, setzt etwas voraus. Eine solche Maschine hätte Wissen. Sie reflektierte ihre Möglichkeiten. Sie wüßte, was sie tut und was sie tun könnte. Sie besäße Formeln für dieses derart zu beschreibende Handlungswissen. Sie könnte das, was sie so abbildet, in eine Sprache, in den Code des sie bestimmenden Programms fassen.

Sie wird dann beschreiben, was ihr nach Maßgabe ihrer Konstruktion möglich ist. Was für Eigenarten diese Konstruktion darüber hinaus besitzt, ist in dieser Liste der möglichen Handlungen nicht einbegriffen. Sie kann dies nur dann abbilden, wenn ihr Programm offen konzipiert ist, wenn es nicht vorhergesehene Erfahrungen mit einbezieht und auch in ihren Handlungen Bereiche des nicht Vorhergesehenen, sprachlich nicht Vorstrukturierten berücksichtigt.

Das Wissen auch der Wissenschaften fällt nicht vom Himmel, es wird erarbeitet und baut damit auf Tätigkeiten, Verfahren und Strukturen auf. Diese sind nicht einfach Vorgaben, die die eigentliche wissenschaftliche Arbeit ermöglichen, sondern selbst integraler Teil eines *Wissen allererst schaffenden* Prozesses. Für ein Verständnis der Organisation unseres modernen Wissens ist es entscheidend, diese verschiedenen Formen, in denen sich Wissen konstituiert, zu erfassen und miteinander abzustimmen.

Unser Wissen ist demnach nicht einfach das sprachliche Kondensat unserer Erfahrungen, es ist zugleich in unseren Verfahren, unseren Praktiken und den diese ermöglichenden Strukturen abgebildet und konserviert. Das bedeutet: Eine umfassende Analyse der Ordnung des Wissens muß sich mit diesen verschiedenen Formen von Wissensrepräsentation auseinandersetzen. Sie muß beschreiben, inwieweit sich in diesen verschiedenen Formen eigene Traditionen ausbilden, die dann auch unabhängig voneinander weiterentwickelt werden. Eine Kenntnis dieser Traditionen ist wiederum notwendig, um zu verstehen, *wie* wir etwas wissen.

Wissen ist demnach nicht mehr einfach auf eine Formel zu bringen. Wissen und Wissenschaften werden nur dann wirklich verständlich, wenn wir diese verschiedenen geschichtlichen

Stränge in ihren Übereinstimmungen und etwaigen Dissonanzen aufzuzeigen vermögen. Der Anspruch einer solchen *Wissens-Wissenschaft* geht also nicht mehr nur auf sprachliche Repräsentationen; er zielt auf ein umfassendes Verständnis der Geschichtlichkeit des Wissens in seinen verschiedenen Traditionen mit ihren spezifischen Eingrenzungen und Möglichkeiten. Damit bezieht sich eine solche Wissens-Wissenschaft nicht nur auf eine technische, sondern auch auf eine kulturelle Dimension. Allein in einer solchen Perspektive kann uns der Gesamtbestand unseres Wissens neu verfügbar werden. Die Kultur des Wissens auch der Moderne ist in der Vielschichtigkeit ihrer Wissensrepräsentationen und Wissensdispositionen zu beschreiben.

Der vorliegende Text versucht insofern einen Spagat. Er reiht die Wissensbereiche nicht nur aneinander, sondern sucht innerhalb der verschiedenen Disziplinen – der Neurowissenschaft, der theoretischen Biologie, der Evolutionsbiologie, der Philosophie und der Wissenschaftsgeschichte – ein durchgängiges Argument zu entwickeln. Es wird also keine umfassende Wissens-Wissenschaft vorausgesetzt, die dann die Einzeldisziplinen bestimmt. Es wird vielmehr eine Vorgehensweise verfolgt, die Denkweisen der verschiedenen Disziplinen aufnimmt und ihre jeweiligen Argumentationsweisen integriert.

Kulturell bestimmtes Wissen ist kein lediglich zu archivierendes oder gar nach und nach auszumusterndes Kulturgut. Das sollten vor allem die Bildungspolitiker begreifen. Wissen ist das Kapital, mit dem sich unsere Gesellschaft finanziert. In der Politik, aber auch in der nur noch großformatig denkenden Wirtschaft, wird dieses Kapital derzeit verschleudert. Es wird so getan, als ließe sich Wissen auf Konserven ziehen. Als Konserve jedoch hat Wissen eine extrem kurze Verfallszeit. Es wird vergessen. Vergessen ist nun alles andere als innovativ. Wollen wir innovativ bleiben, müssen wir die Gesamtheit des Wissens und nicht nur ein nach momentanen Interessen gefiltertes Kondensat verfügbar halten.

Wissen – so werde ich erläutern – läßt sich nicht portionieren, es hängt an den Strukturen, in denen es gewachsen ist, und den Praktiken, die es vollziehen. Lebendig ist es nur in dieser Vielfalt. Einschnitte, die dieses vielfältige Ganze auf Ausschnitte reduzieren, sind irreparabel. Es gibt keine Formel dafür, die dann noch verfügbaren Bruchstücke wiederum zu einem Ganzen zu fügen. Schon das Wissen eines Betriebes ist nicht einfach in ein Handbuch zu übersetzen; es wird erst in den individuellen Brechungen der Mitarbeiter dieses Betriebes lebendig.

Das Buch folgt einem letztlich einfachen Gedanken: Wissen ist nicht schlicht Information, sondern interpretierte Information. Interpretation ist nur in einer offenen Ordnung möglich. Hat jedoch eine solche *dynamisierte Systematisierung* überhaupt Aussicht auf Erfolg? Vor 1850 dachte man sich diese Ordnung schlicht durch Gott vorgegeben. Augenfällig wurde sie in der nach systematischen Prinzipien strukturierten Natur. Das Wissen konnte sich so, wenn schon nicht an Gott, so doch an dieser Naturordnung orientieren. Seit DARWIN wissen wir aber, daß die Natur Resultat eines zufälligen geschichtlichen Prozesses ist. Diese Naturgeschichte hat keine Richtung, sie ist prinzipiell offen. Entsprechend offen sind dann auch die Ordnungen eines Wissens, das sich auf die Natur zu gründen sucht. Aber auch in dieser Offenheit läßt sich Geltung und damit eine nicht beliebige Bewertung der Informationen finden, aus denen Wissen erwächst.

Nun müssen wir allerdings feststellen, daß moderne Wissensmanagementsysteme sich vor dieser Konsequenz der Evolutionslehre bisher weitgehend gedrückt haben. In den Köpfen der Wissensmanager scheint die Idee einer absoluten Ordnung des Wissens fest eingebrannt zu sein. Enzyklopädien und Expertensysteme sind hiernach angelegt. Ich werde zeigen, was die wirklichen Wurzeln dieser Vorstellungen sind. Dabei wird deutlich, daß sie sich sehr alter Begriffe und Bilder bedienen. Die für offene Systeme zu fordernde Dynamik von Ordnungsbeziehungen bildet sich in diesen Bildern und Begriffen nicht ab. Wahrscheinlich befinden wir uns diesbezüglich in einer Anschauungs-Sackgasse. Das müssen wir uns klarmachen, um dort wieder herauszukommen.

Gibt es zu diesen geschlossenen Vorstellungen einer auf einen absoluten Maßstab verweisenden Wissensordnung eine Alternative? In meinen Augen ja, und interessanterweise können wir sie gerade aus der Neurobiologie ableiten. Wenn wir verstehen, daß wir nicht in vorgegebenen Mustern denken, sondern diese Muster Resultat einer Entwicklung sind, die wir selbst bestimmen, so haben wir einen ersten wichtigen Schritt auf ein neues dynamisches Wissensmodell hin getan. Nach dieser Idee ist die Ordnung unseres Wissens über die innere Bestimmtheit eines sich in sich entfaltenden Gehirns zu begreifen. Wissensordnungen sind demnach relationale Ordnungen; sie geben kein System vor, sondern konstituieren es in und aus sich je neu.

Wissen entspricht demnach nicht der einfach weitergereichten Information. In diesem *Weiterreichen* wird unser Wissen um die Dinge vielmehr fortlaufend verändert. Wissen beinhaltet somit, daß das zu Wissende reflektiert wird. In dieser Reflexion besteht sogar die einzig mögliche Sicherung des Wissens, denn erst hier findet eine Objektivierung der äußerlichen, vermeintlich wahrnehmungsunabhängigen Daten statt. Das bedeutet, daß nicht die Welt, sondern das Subjekt Objektivität garantiert. Unser Weltwissen gewinnt seine Geltung im Subjekt. Wir werden dadurch aber nicht notwendig zu isolierten Monaden. Denn auch das Subjekt fällt nicht vom Himmel. Es entwickelt sich in einer Kultur und bildet deren Vorgaben entsprechend seine Wahrnehmungs- und Interpretationsraster aus. Das Subjekt wird erzogen, es wird im ausdrücklichen Wortsinn kultiviert. Kultiviert wird das Subjekt in seiner Wahrnehmungsausrichtung auch durch die Sprache, die es erreicht. Die Sprache und die in ihr geleistete Vermittlung von Wahrnehmungsdispositionen kanalisieren unser Wissen und setzen uns so schon immer in die Gemeinschaft einer Sprachkultur. Das Gefüge der Sprache bestimmt, wie die Mitglieder dieser Kultur das, was sie sehen, bewerten. Die Sprache geht sogar so weit, daß uns in Texten Erlebnisse widerfahren, in denen sich unser Wissen als Ganzes verdichtet. (So können wir etwa über einen nur in einer Buchstabenfolge gezeichneten Helden verzweifeln – denken Sie nur an die sich mit GOETHES *Werther* identifizierenden Selbstmörder!) Insoweit strukturiert die Sprache auch die Handlungen vor, die sie im nachhinein in Begriffe faßt. Diesen Gesamtprozeß allein auf Sprache zu reduzieren wäre allerdings falsch. Sprache ist lediglich das Medium, in dem sich die Vielfalt der hier nachzuzeichnenden Prozesse abzeichnet. Die Sprache führt uns so zu einer Geschichte, die mehr ist als die Darstellung von Texten und ihren Wirkungen. Sie führt uns auf die Analyse des gesamten Handlungsgefüges, in dem das Wissen, das sich dann in Sprache bindet, hervorgebracht wird.

Wissen ist nicht einfach Sprache. Wohl ist das, was wir rationalisieren, in Sprache gefaßt. Wir rationalisieren aber auch Praktiken und Wahrnehmungsdispositionen, die in unserer

Kultur der Sprache vorangehen und sich in eigenständigen Traditionen, im Handwerk, in Wahrnehmungs- und Abbildungsstilen weitervermitteln. Hier wird die innersprachliche Tradierung für die Handlungsrealität einer lebendigen Kultur geöffnet, und in dieser Vielfalt wird Wissen lebendig. Denn auch dieses nichtsprachliche Wissen hat seine Geschichte und eine daraus erwachsene Ordnung. Entscheidend dabei ist, daß diese Ordnungen nun nicht einfach nach einem allgemeingültigen Maßstab ineinandergreifen. Ihre Verzahnung ist viel komplexer. Zu beachten ist nicht nur, daß Handlungen der Sprache vorangehen können, sondern daß in gewisser Hinsicht auch die Sprache als Handlung zu fassen ist. Damit wird die neurobiologische Begründung einer in sich bestimmten Ordnung des Wissens sinnvoll. Beschreibt doch der Neurobiologe, wenn er sich mit informationsverarbeitenden Systemen wie Menschen, Insekten oder Robotern beschäftigt, nicht Sprachen, sondern Handlungssteuerungsprozesse. Er erfaßt so das *Ineinandergreifen* verschiedener Wissensordnungen und kann deren Möglichkeiten verfolgen.

Das vorliegende Buch beläßt es zunächst bei einer Diagnose. Es sucht diese aber radikal – das heißt hier im Nachspüren der uns bestimmenden Wurzeln – auszudeuten. Vielleicht führt es genau hierin weiter.

Dieses Buch verdankt viel den Diskussionen innerhalb meiner Gruppe zur Theoretischen Biologie. Es ist bestimmt durch Einblicke in die Ordnungsmuster des barocken Denkens und durch meine ersten Gehversuche im Bereich der theoretischen Neurobiologie, durch Diskussionen über die Ordnung der Begriffe im Denken von Philosophen wie SCHELLING und HEGEL, die Systematik naturwissenschaftlicher Aussagengefüge und unsere Erfahrungen in der experimentellen Wissenschaftsgeschichte. Zu danken habe ich meinen Mitarbeitern in Bonn und Jena, zuletzt insbesondere Thomas Bach, Maurizio Dibartolo, Jan Frercks, Heiko Weber und Gerhard Wiesenfeldt, sowie meinen Freunden und Kollegen Jürgen Jost, Leipzig, Michael Ghiselin, San Francisco, Wolfgang Neuser, Kaiserslautern, und Wilhelm Schmidt-Biggemann, Berlin.

Beschreibungen

Archive

Expertensysteme Was ist das eigentlich – Wissen? Vor Jahren erschien unter diesem Titel in Italien ein Jugendlexikon in Form einer locker gebundenen Reihe von Artikeln. Das Ganze war enzyklopädisch angelegt, suchte aber in einzelnen Artikeln nicht nur einfach Stichworte aufzuarbeiten, sondern Zusammenhänge aufzuweisen. Die einzelnen Beiträge zeigten so im Detail einen Problemhorizont auf und legten weiterführende Fragen an, verblieben dabei aber doch immer in der Darstellung überschaubarer Zusammenhänge. Die zu vermittelnden Informationen wurden so in besonderer Weise portioniert.[1] Wissen, so die Botschaft dieses und ähnlicher Konvolute, ist die Summe von Kenntnissen, die wir verfügbar haben müssen, um unsere aktuelle Situation sowie uns neu erreichende Informationen angemessen bewerten und daraus optimale Lösungen für eigene wie gesellschaftsrelevante Handlungsvollzüge gewinnen zu können. Damit ist schon für dieses Kinderbuch hinreichend deutlich, daß Wissen mehr ist als die Summe von Informationen.

Wissen entsteht geschichtlich. Es ist das Manifest einer kulturellen Tradition. Hat es damit auch über diese Tradition hinaus Geltung? Unsere europäische Idee von Bildung steht in der erweiterten Perspektive des 21. Jahrhunderts neben einer Fülle anderer, existenter wie untergegangener Angebote; wobei die bloße Persistenz des uns verfügbaren Entwurfes ja noch nichts über dessen vermeintlich übergeschichtliche Bedeutung aussagt. Die eigentliche vom Multikulturalismus ausgehende Irritation, die die europäische Gesellschaft erst im 20. Jahrhundert verarbeitete, war daher auch, daß die vormaligen, etwa im Sozialdarwinismus gewonnenen Einstufungen der Kulturen in gute und schlechte hinfällig wurden. In der kulturellen Vielfalt gibt es eben eine Konkurrenz verschiedener Wertesysteme, die nun nicht mehr einfach in Form einer Mission auf eine als verbindlich gesetzte Kultur eingeschworen werden können.

Die Reaktion auf diese Einsicht war in Europa Flucht: Seit dem ausgehenden 19. Jahrhundert liegt demnach das Heil der Bewertungssysteme nicht mehr in der Geschichte, sondern in der Naturgeschichte. Ein Kunsthistoriker wie ALOIS RIEGL fragte um 1900 bei seinen Kollegen in der Physiologie an, was das denn sei, das Schöne.[2] Begriffe wie Seele, freier Wille und Liebe waren nicht erst für die Neurobiologie der neunziger Jahre des letzten Jahrhunderts, sondern schon für einen Physiologen wie SIGMUND EXNER in den neunziger Jahren des 19. Jahrhunderts neuronal decodierbar.[3] Entsprechend war es möglich, das Wissen als Manifestation der Kognition und demnach als Hirnprodukt zu deuten. Es schien über eine Analyse der Hirnmechanik entschlüsselbar. Wissenschaftsgeschichtlich durchdringt die Biologisierung die verschiedensten kulturellen und philosophischen Denkansätze des beginnenden 20. Jahrhunderts.[4] Bezogen auf das Wissen führte dies zu der Idee, die interpretativen Verformungen einer Information auf anpassungsbedingte Variationen des uns orientierenden Apparates oder einer diesen darstellenden Maschine zu reduzieren. Damit wäre die Geschichte in eine mathematische Formel gebracht und das Problem möglicher historischer Relativierungen grundsätzlich umgangen.

Techniken Als Norbert Wiener in den dreißiger Jahren daran ging, die Feuerleitstellen der Artilleristen zu automatisieren, erarbeitete er ein an der Physiologie orientiertes technisches Modell des Wissens.[5] Er konstruierte Maschinen, die die Navigation eines feindlichen Flugzeugs vom Moment der Avisierung durch den Artilleristen bis zum Zeitpunkt des Einschlags der Geschosse vorhersagen konnten, um so den wahrscheinlichen Ort, an dem ein Geschoß das Flugzeug treffen würde, auszumachen. Seine Maschinen arbeiteten mit Tabellen, bezogen Informationen über mögliche Flugbahnen und Geschwindigkeiten des Flugzeugs mit ein und gaben dann Urteile über Wahrscheinlichkeitsverteilungen von Ereignissen ab, die als Handlungsorientierung dienen konnten. War das in seiner technischen Formulierung etwas anderes als Wissen? Wenn dann noch ein Informationstheoretiker wie Claude Shannon belegen konnte, daß alle denkbaren logischen Operationen in Schaltkreise umsetzbar waren, demnach also jede Schlußform technisch zu implementieren war, gab es überhaupt keinen Grund mehr abzustreiten, daß Intelligenz und damit Wissen technisch verstanden werden konnten.[6]

Wissen wäre danach ein regeltechnisch zu beschreibender Informationsverarbeitungsprozeß, der auf Daten zurückgreift, um eine momentane Reizkonstellation zu bewerten. Diese *Information* wäre dann aber auch in der rechten Weise zu prozessieren; dies geschieht durch Optimierung der Verarbeitungsregeln und Abstimmung der in den Sinnesorganen abgebildeten Repräsentation einer Außenwelt mit den Informationen über die Effekte möglicher Handlungen. Shannon bewertete aus diesem Grund die Tauglichkeit eines reizverarbeitenden Apparates an seiner Art, die Information zu übermitteln. Er optimierte das Verhältnis von Informationseingabe und Informationsausgabe und bemühte sich, eine Formel zu finden, die zwischen den beiden Bereichen vermittelte. Ganze Wissenskulturen verschwanden hinter diesem Formelgefüge; sie wurden technisiert und versanken in der *black box* eines Apparates, der sich allein vom Handlungserfolg her bestimmte. Denn Handlungserfolg und nicht Handlungsmotive waren in diesen technischen Systemen gefragt.

Der Neurobiologe VALENTIN BRAITENBERG brachte in seinen in den siebziger Jahren geschriebenen Arbeiten über künstliche »Vehikel« die einem solchen Verfahren zugrunde liegende Idee auf den Punkt: Alles, was sich in Begriffen beschreiben läßt, die für menschliches Verhalten kennzeichnend sind, ist auch so etwas wie menschliches Verhalten.[7] Auf diese Weise lassen sich die Handlungsabläufe zweier unterschiedlicher Reizverarbeitungssysteme vergleichen; was gleich funktioniert, ist auch im Prinzip gleich strukturiert. Der Blick kann sich immer mehr verfeinern und die Analogien zwischen den Funktionen immer umfassender bauen. Zuletzt ergibt die Analyse keine Differenz mehr zwischen zwei auf diese Weise ähnlich reagierenden Systemen. Der Logik des Vorgehens zufolge sind daher beide Systeme für gleichartig zu halten. Genau dies suchte BRAITENBERG in seinen Gedankenexperimenten darzulegen. Er nahm so das Programm der evolutionären *robotics*, wie es 1999 durch ROLF PFEIFER und CHRISTIAN SCHEIER formuliert wurde, vorweg. Danach ist Intelligenz allein technisch, von der Funktionserfüllung her, zu verstehen und Wissen nichts als eine Repräsentationsform dieser technischen Intelligenz.[8] Um ihre Intelligenz zu steigern, müssen den entsprechenden Maschinen nur mehr Funktionen eingeräumt werden; sie erweitern mit den neu verfügbaren Schaltkreisen auch die Dimensionen des ihnen möglichen Wissens. Die heutigen Maschinen sind in dieser Hinsicht ausgesprochen leistungsstark, sie spiegeln menschliches Verhalten und können es sogar übertreffen. Zudem funktionieren sie in der Informationsverarbeitung verläßlicher als der in der Kultur seines Wissens befangene Mensch. Der Versuch, mit einer solchen technischen Bestimmung des Wissens auszukommen, lag daher nahe.

Wissenssysteme   Allerdings unterscheiden sich diese technischen Wissenssysteme wiederum nicht allzusehr von einem System, das wir schon lange kennen und das ebenfalls über lange Zeiträume zu demonstrieren schien, was Wissen ist: die Bibliothek. In H. G. WELLS' Vision der fernen Welten, die er in *Time Machine* beschwor, ist das Wissen ebenso wie in *Brave New World* von ALDOUS HUXLEY mit den Büchern verschwunden. Die Kultur hatte sich ihnen zufolge aber nicht einfach deshalb vergessen, weil ihr mit ihren Bibliotheken die Details ihres Wissenssystems abhanden gekommen waren; vergessen hatte sich die Kultur, weil sie mit diesem Wissen auch ihre eigene Geschichte und damit eine Vorstellung über die Genese und Geltung ihres Wertegefüges verloren hatte. Wir werden noch sehen, daß die Idee einer Wissenskultur über das, was uns die apparativ basierten Wissenssysteme vermitteln, hinausführt. Die Apparatur erlaubt es jedoch, in ihren Schaltkreisen Formeln zu fixieren, in denen sich ihre Funktion und das darin abgebildete Wissen erfassen lassen. Daraus erwuchs die Idee der übergeschichtlichen Geltung solcher Wissensfunktionen, auch wenn keineswegs ein neues Konzept formuliert wurde. Dieses Denken schloß vielmehr direkt an Vorstellungen an, nach denen schon die ersten spätantiken Klosterbibliotheken aufgebaut wurden. Sie waren aus der Idee heraus konzipiert, in dem archivierten Buchbestand ein absolutes, zwar geschichtlich tradiertes, jedoch nicht verformtes Wissen bewahren zu können.

Nur vor dem Hintergrund dieser Idee war ein Mönch des frühen Mittelalters auf einer Irland vorgelagerten Insel auch dazu zu bringen, ein Buch wie die Kräuterkunde des DIOSKURIDES abzuschreiben, das in seinen Auflistungen der Formvielfalt kleinasiatischer Kräuter alles andere als die diesen Mönch umgebende Wirklichkeit wiedergab. Andererseits war es gerade der Gedanke eines raum- und zeitunabhängigen Wissens, der dazu führte, daß in Süditalien und in Schottland die gleichen Bücher kopiert und damit die gleichen Bildungsinhalte verfügbar wurden. Auf diese Weise erwuchs auch ohne Telefon, Fernsehen und Tourismus ein europaweit übereinstimmender Wissenskanon, innerhalb dessen die beginnende Diskussion der mittelalterlichen/frühneuzeitlichen Wissenschaft möglich werden konnte.

Die Geschichte des Wissens und seiner technischen Vermittlung ist also eine keineswegs einfache Geschichte. Wie die Idee des Kanons, aber auch die Aufstellung der Bücher in einer Bibliothek nach einem Katalog, nach dem sie gefunden werden können, wie auch der Aufbau der logischen Schaltkreise in einem Apparat zeigen, hat Wissen eine Ordnung. Wissen, das demonstrieren schon diese ersten Bemerkungen zur Bewertung und Vermittlung von Wissen, ist wesentlich durch Ordnung bestimmt. In gewisser Hinsicht – das zeigen auch die technischen Verfahren der Informationsverarbeitung – ist Wissen sogar selbst diese Ordnung.

Kenntnisse Was bedeutet das? Zunächst ist diese Ordnung das Resultat einer Auslese. Wissensbestände bilden nicht die Totalität unseres Erfahrungsraumes ab, sondern strukturieren diesen in diskrete Einheiten; diese wiederum lassen in Teilbereichen ein Ganzes sehen oder umgekehrt in diesem Ganzen nur bestimmte Momente. Zu diesem Zweck ist das diskret geordnete Wissen in einen ihm eigenen Zusammenhang gebracht; es sind die Zuordnungen und Verweisungsstrukturen, in denen die einzelnen Wissensbestände in ihre Form finden. Diese Architekturen von informationsbestimmten Zuordnungen bilden das uns verfügbare Wissen. Der architektonisch gewonnene Aufriß möglicher Bezüge lieferte schon sehr früh ein wirkmächtiges Bild, in dem die Idee der Wissensorganisation anschaulich wurde. Es sind nicht die Einzelheiten, sondern es ist deren Gesamtheit, worin sich Wissen darstellt.

Wissen zielt darauf, die in den einzelnen Informationsbeständen abgebildeten Konturen eines Gesamtbildes dessen, was wir wissen können, darzustellen, um dieses Ganze dann auch im Erfassen des Einzelnen in den Blick zu bekommen. Nehmen wir hierzu ein einfaches Beispiel: Mit Hilfe eines Bestimmungsbuches kann man die Artzugehörigkeit eines einzelnen Käfers bestimmen. Eingebunden in diese Systematik wird die Einzelbeobachtung nicht einfach als Einzelheit registriert; das Individuum wird vielmehr in einem ausgearbeiteten Gefüge von Relationen positioniert. Dieses *In-Relation-setzen-Können* ist der Gewinn des systematischen »Wissens«; in ihm wird im einzelnen mehr als nur das jeweils einzelne gesehen.

Wohin haben uns die bisherigen Überlegungen geführt? Erstens zeigt sich: Wissen ist nicht einfach nur ein Mehr an Information. Wissen ist strukturierte Information, es ist der Kontext, aus dem heraus und in dem ich Fragen stellen und Antworten finden kann. Damit wird dieses Wissen wesentlich durch eine Ordnung bestimmt, sei sie nun vorgegeben oder gewachsen, von der ausgehend unsere Kenntnisse erst zu ihrer

Bedeutung gelangen. In der technischen Bestimmung einer von der Maschine verarbeiteten Information muß diese Ordnung dagegen den Zwängen des apparativ Machbaren unterworfen werden.

Begriffe

Wissensfunktionen Funktional betrachtet, bedeutet Wissen, daß mittels vorliegender Informationen Vorhersagen über mögliche Handlungserfolge getroffen werden können. Technisch waren Schaltkreise demnach so zu konstruieren, daß mit ihnen Aussagen über mögliche Wahrscheinlichkeiten formuliert werden konnten. Hierzu erwies sich etwa die Theorie von Nutzen, mit der die *Bell Company* die Übertragungsgüte ihrer Kommunikationsnetze bewertete.[9] Sie verglich zu diesem Zweck Informationseingaben und Informationsausgabe in einem informationsübertragenden System. Damit ließ sich eine Formel bestimmen, die die Verzerrungen abbildete, denen die Information im Transferprozeß unterworfen war. In einem nächsten Schritt war folglich eine Formel zu finden, die darstellte, wie das Übertragungsverhalten in bester Weise zu optimieren war, um in einem dritten Schritt die möglichen Verformungen in der Zuordnung dieser Elemente beschreiben und als Funktionen formulieren zu können. Die Formeln gaben Auskunft darüber, ob ein solcher Bezug ein- oder mehrdeutig war.

Entsprechend wurden Wahrscheinlichkeiten formuliert, mit denen ein Zustand 1 in einen Zustand 2 zu überführen war. Dabei war in einer ersten Erweiterung zu fragen, unter welchen Bedingungen von einer vorliegenden Reihe von Informationen einigermaßen verläßlich auf mögliche daraus folgende Zustände zu schließen war. Die Regel für eine solche Berechnung von Wahrscheinlichkeiten war vergleichsweise einfach. Es gibt einen Bereich möglicher Zustände eines Systems, den wir als einen geometrischen Körper beschreiben können, der durch die das System kennzeichnenden Parameter umrissen ist. Diesen Körper nennen wir den *Zustandsraum* eines Systems; er benennt alle in einem bestimmten System möglichen Konstellationen.

Zwischen den einzelnen Phasen dieses Zustandsraumes gibt es Übergänge, die Stufen vergleichbar sind, mit denen ich von der einen in die andere Ebene des Systems gelange. Diese Stufen haben eine bestimmte Höhe. Ist sie gering, läßt sich rasch von einem Teilzustand in den nächsten wechseln. Ist sie beträchtlich, ist es eher unwahrscheinlich, daß sich gerade die beiden durch diese Stufe verbundenen Ebenen ineinander überführen lassen. Was bedeutet der Höhenunterschied jedoch genauer? Ich könnte mir die Mühe machen, die einzelnen Stufen der verschiedenen Verbindungsgänge des Zustandsraumes zu zählen. Sind es nur wenige, ist der Übergang zwischen zwei Systemen einfach, wobei die einzelnen Stufen nicht so hoch sein dürfen, daß sie nicht mehr zu begehen sind. Es wären also die möglichen Schrittweiten zu bestimmen, um einen Maßstab zu gewinnen, mit dem Zustandsänderungen gemessen werden können. Große Wahrscheinlichkeit für Veränderungen zwischen zwei Systemebenen gewinnen damit die Ereignisfolgen, die eng miteinander verkoppelt, das heißt über eine kurze Treppe mit der richtigen Stufenhöhe verbunden sind.

Auf diese Weise sind zwei wesentliche Momente bestimmt, mit denen die Wahrscheinlichkeit von Zustandsänderungen in einem System beschrieben werden kann. Dabei wird deutlich, daß diese Änderungen nicht einfach abstrakt nach einer vorgegebenen Größe zu skalieren sind, sondern daß vielmehr die Möglichkeiten des Systems, d. h. die in ihm erreichbaren Schrittlängen, berücksichtigt werden müssen, um zu beschreiben, zu welchen Änderungen ein System effektiv in der Lage ist. Die Übergangswahrscheinlichkeiten zwischen verschiedenen Systemzuständen sind somit ganz wesentlich von den internen Bedingungen eines reiz- und damit informationsverrechnenden Apparates geformt.

Weisheit   Vor Beginn des 19. Jahrhunderts promovierte ein Gelehrter wie GEORG FRIEDRICH WILHELM HEGEL nicht einfach zum Doktor der philosophischen Fakultät, sondern zum Doktor der Weltweisheit. HEGEL wirkte freilich in seinem Versuch, zur Weisheit zu gelangen, noch vor der Periode der disziplinären Sicherung unserer wissenschaftlichen Gegenstandsbereiche. So ließ sich philosophisch nicht einfach auf methodisch gesicherte Daten der Einzelwissenschaften zurückgreifen; es gab hier vielmehr nur ein Gemenge von Erfahrungen, in dem Alltagserfahrung und wissenschaftlich vermitteltes Wissen nicht klar voneinander abzugrenzen waren.[10] Damit wurde für Philosophen wie SCHELLING oder HEGEL schnell deutlich, daß das Problem im Umgang mit den wissenschaftlichen Daten ihrer Zeit vor allem darin lag, einen Maßstab zu finden, mittels dessen sie sich schlüssig aufeinander beziehen oder voneinander abgrenzen ließen.[11] Uns interessiert nun nicht der Weg, den diese Philosophen dabei verfolgten, sondern vielmehr ihre Ausgangslage, die sie zu einem System des Wissens führte, das dieses Wissen nicht nach Disziplinen strukturierte, sondern in sich zu bestimmen suchte.[12] So zielte HEGEL auf die Darstellung einer absoluten Wissensordnung, in

der jeder Denkende sich kritisch in bezug auf seine Ausgangsbestimmungen orientieren konnte.[13]

Ein solcher Zugang wäre heute, nach dem Siegeszug einer
sich strukturell fortwährend weiter ausdifferenzierenden Erfahrungswissenschaft, obsolet. Wir wissen um unsere immer
nur relative Bestimmtheit. Wir verdrängen nicht mehr, daß
unsere geschichtlich bedingte Art zu denken nur *eine* Möglichkeit ist, sich in der Welt zu orientieren. Wir gehen heute von
einer Vielfalt von Perspektiven, Anschauungsmustern und
Theoremen aus, in denen wir Erscheinungen wahrnehmen
und unsere Erfahrungen deuten können. Mit diesen innerhalb
der Wissenschaften disziplinär gerasterten Erfahrungsmustern
hat sich die Situation für einen »Weltweisen« geändert. Es ist
nicht mehr die eine Welt, die ihm vor Augen steht. Es sind
komplexe Aussagengefüge, in denen sich ihm Welt vermittelt.
Dem theoretischen Physiker beispielsweise wird sie auch kaum
mehr anschaulich; was er sieht, ist die Notwendigkeit seines
Formalismus. Er überprüft dessen Geltung und erblickt dabei
nicht die Natur, sondern nur sein Modell, das ihre Reaktionen
in der einen oder anderen Weise beschreibbar macht.

Eine umfassende Zuordnung der Einzelbefunde nach der Art
eines HEGEL oder SCHELLING ist damit nicht mehr überzeu-
gend. Es ist nicht die eine Natur, über die wir reden, es sind sehr
viel komplexere, methodisch klar bestimmte Kompartimente
von Erfahrungsinterpretationen, die heute die Datensätze pro-
duzieren, in denen sich eine Gesamtsicht unserer Wissenschaften zu verankern hat. Ist damit eine umfassende Sicherheit der
Wissensordnung nicht per se unmöglich geworden?

Sicher ist heute die strukturelle Bestimmung des uns zugänglichen Wissenskomplexes; sicher sind historische Bezüge, Ausgrenzungen und daraus erwachsende Problematisierungsstrate-

gien, die zusehends auch unsere Anschauung und damit unser Denken nach den jeweiligen Erfahrungsbezügen ausrichten.[14] Diese Sicherheiten können zureichen, auch unser Wissen in eine neue Ordnung zu bringen. Wahrheit ist auch in den Naturwissenschaften nicht mehr einfach deswegen sicher, weil etwas, das wir nach unseren Vorstellungen konstruieren, nach diesen Anschauungen zu funktionieren scheint. Wir wissen mittlerweile, was solche »Funktionseinsichten« langfristig für Unheil anrichten können.

Dabei ist die Erkenntnis, daß wir mit unserem Wissen im halbdunkel tappen, keineswegs neu. Der Siegeszug der anwendungsorientierten Naturwissenschaft hat uns nur vergessen lassen, daß die Illuminierung unserer Erkenntniswege meist nur einen begrenzten Lichtkegel zustande bringt. Bedeutet das, daß die vielreklamierte Wissensgesellschaft, deren bloße Informationsansammlung wir als obsolet brandmarken mußten, nun am Ende ist, da sie diese Ansammlung nicht sinnvoll zu gliedern wußte?

Die Informationen selbst verlieren damit freilich nicht an Wert. Schließlich wissen wir, daß es nicht an den Daten liegt, daß wir sie falsch interpretieren, sondern an den Rahmen, in denen wir sie fassen. Wir müssen verstehen, was diese Rahmen sind, wie wir sie bestimmen und wo wir uns über die durch sie getragenen Bestimmungsmöglichkeiten hinausbewegen. Kurz, wir müssen reflektieren, wie wir die uns verfügbaren Daten interpretieren. Das heißt, wir müssen wissen, was das für Wissen ist, mit dem wir umgehen.

Wahrnehmungen   In den Wissenschaften sind es nicht einfach Wahrnehmungserlebnisse, Reaktionen der reizaufnehmenden Organe, die uns Wissen verschaffen. Dennoch liegt die Idee, Wissen und Datenerhebung miteinander zu verkoppeln, auf der Hand. Ein entsprechendes Konzept, das Wissen schlicht als *In-Formation* im Sinne einer Widerspiegelung der Außenwelt verstand, stammt aber interessanterweise von einem spekulativen Denker aus dem 17. Jahrhundert, dem Kabbalisten ROBERT FLUDD.[15] Wissen zu haben heißt demnach im Grunde, ein Gedächtnis zu besitzen. FLUDD ging dabei davon aus, daß Gott die Welt schuf, indem er dem Formlosen seinen Eindruck (In-Formation) verlieh. Nun ist der denkende Mensch selbst Teil dieser Schöpfung und so auch sein Denken von der gleichen Ordnung wie der ihn umgebende Kosmos. Die Ordnungen des Makro- und Mikrokosmos entsprachen einander. Demnach konnten etwa die Anatomie des Menschen und der Schichtenaufbau des Kosmos aufeinander bezogen werden, was die Astrologie auch für die Medizin interessant machte.[16] Wichtig ist hierbei, daß diese Ordnungsvorstellungen mit der Aufklärung keineswegs verschwanden, sondern in den Vorstellungen all derer, die Systematiken entwerfen, bis heute nachwirken.

Im 19. Jahrhundert waren es die Biologen, die auf diese alten Muster zurückverwiesen, um die Vielfalt der ihnen vorliegenden Formen in eine Ordnung zu bringen. Daraus entstand aber nicht nur eine spezielle biologische Systematik, sondern ein methodisches Repertoire, mit dem auch in anderen Wissenschaften Gestalten beschrieben wurden. Die Problematik tritt heute wieder auf, wenn etwa Genetiker versuchen, Momente der Morphologien genetisch abzubilden oder Verwandtschaftsverhältnisse zu rekonstruieren, und dabei auf die Methoden dieser traditionellen Biologie zurückgreifen müssen.[17]

Es gibt aber noch eine zweite, für uns vielleicht noch wichtigere Konsequenz dieses Entsprechungsdenkens: die Idee der

Einheit der Schöpfung, der zufolge das Große und das Kleine gleich geartet sind, so daß ich das Wissen, das ich im Bereich des Makroskopischen gewonnen habe, nur in eine andere Größenordnung überführen muß, um die Grundstrukturen des Kosmos zu erfassen. Diese Vorstellung ist einfach, erlaubt sie es doch, Modelle und Anschauungen, die wir in einer uns erreichbaren Erfahrungsebene gewonnen haben, auch für andere Ebenen zu nutzen; etwa zu schauen, ob wir mit der Vorstellung der Karambolage im Billardspiel nicht nur die Bahn von Kugeln in unserer Atmosphäre, sondern auch die Bewegung von Molekülen oder die Interaktionen von astronomischen Körpern beschreiben können.[18] Das Wissen um die Welt zeigt sich so nach einem Modell geordnet, das wir immer wieder anlegen können, ja das sich fortlaufend in unseren Erfahrungen widerzuspiegeln scheint. Allerdings erscheinen uns damit auch nur diejenigen Anschauungen als richtig, die wir sowieso schon haben.

Wissensordnungen Das hier beleuchtete Spiel mit den Ordnungen, die sich selbst widerspiegeln, ist gefährlich. Auf diese Weise wird das Raster der uns bereits verfügbaren Bestimmungen zum Koordinatensystem unserer Weltorientierung. Das bedeutet aber nichts anderes, als daß wir uns in solchen Anschauungen immer in einem Vorwissen bewegen, in das wirklich Neues nur schwer zu integrieren ist. Schlimmer noch, in den Anschauungen gegründet, scheint dieses zunächst nur in sich bestimmte Modell einer Weltsicht eine Abbildung der Realität darzustellen. Die vermeintliche Realität ist jedoch lediglich ein virtueller Raum, der das widerspiegelt, was wir von ihm wissen, nicht aber, was er ist.

Nun ordnen wir Wissen aber nur bedingt in Modellen. Bis

kurz vor dem derzeit beschworenen *pictural turn* zumindest wurde Wissen vornehmlich in Sprache gefaßt. Und auch in den neuen Bildern der computergenerierten Wirklichkeiten besteht der Code, der diesen Bildern unterlegt ist, aus einer Sprache: dem Formelgefüge der Mathematik. Auch daß wir diese Sprache nicht einfach in Worte fassen, sondern sie in Bilder setzen und diese mit unseren bisherigen Bilderfahrungen zu verbinden suchen, ist kein neues Problem. Bereits im 15. Jahrhundert bediente man sich bei dem Versuch, eine Art Memorialapparat zu errichten, in dem die Komplexität des verfügbaren Wissens in ihrer Ordnung transparent wurde, solcher Visualisierungsstrategien. Bekannt ist etwa das von GIULIO CAMILLO um 1550 dem Dogen von Venedig erbaute Theater.[19] Es handelte sich dabei um einen Raum mit Statuen, die Figuren repräsentierten, die die Vorstellung seiner Zeit mit ganzen Begriffsgefügen verband. Dadurch, daß CAMILLO diese Statuen in eine bestimmte Anordnung brachte, machte er wichtige Zugehörigkeiten sichtbar. Der geübte Betrachter vermochte in dieser Anordnung der Figuren eine Ordnung des Wissens zu erkennen, deren Details nach und nach erschlossen werden konnten. Hier war ein begriffliches Ordnungsgefüge ins Bild gesetzt, dessen Komplexität sich verbal nur unzureichend explizieren ließ.

Auch in einem solchen Bild jedoch bleibt das Wissen letztlich sprachlich verankert, denn im Zentrum stand die Ordnung der Begriffsassoziationen. Die Begriffe konturieren in ihrer so gewonnenen Zuordnung die Momente des Realen, die die für unser Wissen bedeutenden Größen darstellen. Sie können sich je nach Erkenntnisinteresse und Vorwissen verlagern.

Vorwissen   Für den, der sich nicht näher mit Insekten befaßt, sind die Formen, die dem Insektenkundler als Mitglieder verschiedener Großgruppen erscheinen, alle kleine schwarze Käfer. Obwohl er das gleiche Objekt vor Augen hat, entgehen dem Unkundigen die Details, nach denen der Insektenkundler seine Erfahrungen ordnet; für ihn ist all das ohne Struktur, was sich dem Insektenkundler aufgrund seiner begrifflichen Differenzierungsmöglichkeiten als strukturiert zu erkennen gibt. Ohne Wissen um die Strukturbeziehungen einzelner Merkmale verschwimmen die bloßen Primärdaten zu einem vergleichsweise undifferenzierten Bild. Der begriffsfrei operierende Betrachter gleicht einem Zimmermann, der in unregelmäßig gebauten Körpern ohne Außenreferenz nicht weiß, wie er seine Meßlatte anlegen soll.

Die Begriffe unserer Sprache bestimmen die Parzellierung unserer Wahrnehmung der Welt. Diese sprachlich gerasterte Welt bezeichnen wir als Realität. In der Abgrenzung einer begrifflich geordneten Realität entsteht eine Ordnung des Wissens, der durch die Regeln der begrifflichen Zuordnungsmöglichkeiten Grenzen gesetzt sind. In diesen faßt sich unser Wissen zusammen. So hatten die Philosophen der Wiener Schule recht, wenn sie den Wissenschaften auf der Ebene ihrer sprachlichen Differenzierungen folgten.[20] Nach ihrer Auffassung hatte sich der Philosoph aus der Datenerhebung der Wissenschaft selbst herauszuhalten, da deren Methoden als gesichert und philosophisch nicht einholbar galten. Sobald aber das, was zunächst nur erfahren ist, auf den Begriff gebracht ist, entsteht eine neue Situation: was die Wissenschaft dann zur Wissenschaft macht, ist die Ordnung, in der sie ihre Beschreibungen findet. Da sie dabei durch die Sprache geleitet wird, kann der Philosoph, so die Wiener Schule, dem Wissenschaftler helfen, denn er kann Prinzipielles über die mögliche Ordnung solcher Sätze und deren Optimierung aussagen. Die Frage, inwieweit sich die Regeln der Sprachanalyse allein auf die Zuordnung der Begriffe oder auch auf die begrifflichen Bestimmungen selbst und damit auf die Zuordnung von Sprache und Beobachtung zu beziehen hätten, sei hier zunächst zurückgestellt.

Schon in dieser – im weiteren noch einzuschränkenden – Abhängigkeit von der Sprache ist alles Wissen vom Ansatz her historisch. Sprachen sind keine festen Größen, sondern Momente einer umfassenden Kulturgeschichte. Darüber hinaus sind sie nicht auf einen partiellen Raum der Kultur eingegrenzt. Es gibt zwar Fachsprachen, die gleichsam in begrifflicher Abbreviatur den Kundigen die ihm präsenten Assoziationen möglichst komplex abrufen lassen – so wie für einen Molekulargenetiker ein für Außenstehende kaum verständlicher Fachartikel in *Nature* gerade dadurch, daß er sich der innerfachlichen Termini bedient, klar und verständlich ist. Diese Fachsprache selbst bleibt jedoch übersetzbar, das heißt, sie grenzt sich aus der Kultur nicht aus, sondern bleibt als ein Teil von ihr bestehen.

Dabei ist der kritischen Auffassung, daß sich die Sprache unter den Bedingungen einer sich zunehmend in Fachtermini bewegenden Kommunikation zersetzt, nur bedingt zu folgen. Zwar lassen sich über die Begrifflichkeit bestimmte Bereiche einer Sprache sortieren, was einzelne Berufsgruppen, wie etwa die Jäger, seit Jahrhunderten sehr bewußt kultivieren. Spezifisch für diese jeweiligen Bereiche sind jedoch nur die Begriffe, nicht die Formen der Sprachkonstruktion. In der Form ihrer sprachlichen Zuordnung, ja selbst in der engeren Bestimmung ihrer Termini, bleiben diese Fachsprachen eingewoben in unseren Sprachkulturbestand, auf den sie – zumindest bedingt – auch wieder zurückstrahlen. Wir müssen uns allerdings fragen, wie eng die Beziehungen zwischen den Gruppen bestimmter begrifflicher Sonderungen und der allgemeinen, sprachkulturell getragenen Grunddisposition begrifflicher Bestimmtheit zu zeichnen sind.

Die sprachliche Fixierung einer Wahrnehmung steht freilich am Ende eines Prozesses. Dieser beginnt mit der Aufnahme einer Information. Sie wird zugeordnet und zunächst vorläufig bewertet, damit sie als Information in einer ersten Ordnung näher bestimmt werden kann. So wird erst die grobe systematische Einordnung eines Käfers dazu führen, seine Organe einer eingehenderen Bestimmung und Begrifflichkeit zu unterwerfen. Die Beschreibung folgt der systematischen Zuordnung, indem sie für ein auf diese Weise eingeordnetes Beschreibungsobjekt die passende Beschreibungsform wählt und damit die weitere Beobachtung kanalisiert.

So setzt der erste Schritt in der Identifikation eines Käfers diesen in ein Gefüge sprachlicher Repräsentation, das ihn abzubilden vermag. Auf diese Weise wird er zum Teil eines uns verfügbaren Wissens, das entsprechend sprachlich geordnet ist. So steht am Ende dieses Prozesses das Archiv, in dem nur das bewußt bleibt, was bei gezieltem Fragen auch wiederentdeckt und in Bezug zu anderem gesetzt werden kann. Das bedeutet, daß die Ordnung des Archivs bestimmt, ob sich eine Information verliert oder ob sie Teil des Wissens wird und damit als Referenz für jede weitere Zuordnung von Informationen zur Verfügung steht.

Zentrierungen

Fertigkeiten   Ein letztes gilt es dabei zu beachten, ist doch in diesem Archiv das Moment des begrifflichen Erfassens, die Prozedur, über die sich die Erfahrung in den Begriff bringen ließ, nur noch bedingt abgebildet. Dabei steht sie am Ende eines Prozesses, in den eine Vielzahl von *skills*, von Fertigkeiten ganz unterschiedlicher Art, von Apparaten, von Strukturen und gegebenenfalls auch komplexen sozialen Bestimmungen eingebunden war. Jede dieser Ebenen, die dem Begrifflichen vorgelagert sind, hat ihre eigenen Traditionen, ihre eigenen Trends und ihre eigenen Schwierigkeiten. Im Wissensbestand bilden sich diese verschiedenen Ebenen des Wissens ab. Die Frage bleibt jedoch, wieweit sich die eigenen Dimensionen dieser Wissensräume des Praktischen, Sozialen und Strukturellen einfach und nahtlos in die Objektivität einer begrifflichen Bestimmung einbinden lassen. Konkret heißt das: Inwiefern verfügen die Strukturen, Verfahren und Praktiken über eine eigene Ausdrucksform, die sich nur bedingt in einer sprachlichen Ebene fixieren läßt? Gilt es, eigene Momente der *Wissensfindung* zu berücksichtigen, die sich dem Verhältnis von Text und Kontext entziehen? Nebenbei gesagt, liegen genau hier die Aufgaben des Wissensmanagements. Es geht nicht einfach darum, begriffliche Gefüge möglichst transparent zu halten. Ziel ist vielmehr, die Fülle der auf den verschiedenen Ebenen errungenen Wissensbestände in einer vernünftigen Weise zusammenzuführen. Dies läßt sich nicht einfach in ein Regelwerk oder ein computerbasiertes Expertensystem umsetzen. Eine solche Vorstellung geht an der Realität des Wissens vorbei. Ihr entgeht die komplexe Historie der wissenschaftlichen Verfahren, die nicht einfach Sprachgeschichte, sondern die Geschichte der Verknüpfung der hier benannten Ebenen ist.

Die Aufgabe etwa eines Unternehmers besteht darin, diese verschiedenen Ebenen zu einem in sich verbundenen Ganzen zu verknüpfen, das nicht nur im Moment, sondern auch über eine Innovation, d. h. über eine Phase der Verschiebung von bestimmten eingespielten Zuordnungen hinaus, stabil bleibt. Strukturelle Innovationen sind begrenzt durch die vorliegende apparative Ausstattung einer Firma, Kenntnisbestände hängen an einer oft weit zurückliegenden Ausbildung. Diese verschiedenen Ebenen sind im Wissensmanagement zu integrieren.

Strukturen Strukturelle Vorgaben wie die eines Verarbeitungsprozesses – etwa des Aufbaus einer Walzstraße in einem Stahlwerk – sind nur in Teilen auf eine spezielle Aufgabe hin optimiert. Technische Innovationen stellen meist nicht den gesamten Prozeßablauf in Frage; sie werden an vorhandenen Strukturen angesetzt oder modifizieren einzelne Prozeßschritte in einer ansonsten unveränderten Apparatur. Damit transportieren sie, zum Teil in erheblichem Umfang, eigene Geschichte, die eben auch durch äußere, nicht unmittelbar auf der Sachebene gelegene Einflüsse bestimmt ist. Dieses Geflecht der verschiedenen Traditionen ist zu entwirren, soll ein Wissensmanagement effektiv sein. Dabei wird deutlich, daß wir nicht an klar formulierbare Hierarchien zu denken haben; die Ebenen vernetzen sich in vielfältiger Weise, ohne sich dabei automatisch rückzukoppeln. Dies wird uns noch beschäftigen, gilt es doch nicht nur für den Prozeß der Wissensoptimierung in einem Unternehmen, sondern kennzeichnet auch die Entwicklung der Wissenschaften und speziell der Naturwissenschaften.

Wissen entsteht nicht einfach durch neue Technologien. Technologien sind vielmehr anzuwenden; gerade an dem Umgang mit ihnen hängt ein Großteil der Expertise, die wir heute im *High-Tech*-Bereich einzulösen haben. Die Auffassung, die Vielfalt der einander überlagernden Kommunikation im Internet, die damit universell verfügbaren Informationen und das interaktive Spiel mit Datensätzen hätten etwas prinzipiell Neues aufgeschlossen, läßt sich nur klären, wenn die Grundstrukturen bekannt sind, nach denen diese Techniken konzipiert und in denen sie begriffen werden.[21] Erst dann kann man danach fragen, ob die Dimension der Überlagerung, die schiere Größe dieser Systeme, eine Qualität darstellt, die uns nicht einfach durch die Addition der Einzelfunktionen bestimmt ist.

Dabei ist die Größenordnung des Systems auch in dieser konzeptionell ausgerichteten Sichtweise ein keineswegs marginaler Punkt. Vielmehr bestimmen sich die systemeigenen Reaktionen nicht zuletzt durch dessen Größenordnung, entweder hinsichtlich der Menge der Elemente oder der Freiheitsgrade der einzelnen interagierenden Teile. In einem umfangreichen und komplex verwobenen Reaktionssystem sind Interaktionen nicht mehr einfach additiv aufzureihen, um in der Summierung der Einzelaktionen die Reaktionsmuster des Ganzen zu beschreiben. Eine solche Beschreibung gelingt nur, wenn die Parameter in der möglichen Interaktion der Elemente weitgehend offengehalten werden. In den lokalen Zuordnungen der Elemente eines solchen Beziehungsnetzes bilden sich Subtexturen heraus, die den Informationsaustausch des Gesamtsystems in einer – aufgrund eines uns fehlenden analytischen Zugangs – meist unvorhersehbaren Weise strukturieren.[22] Das Nebeneinander der vielfältigen Kommunikationen verschränkt sich mit dem Nacheinander einer Kommunikationsreihe, wobei sich wiederum die Zeittakte in den einzelnen Beeinflussungsreihen und damit deren jeweilige Zugriffs- und Einarbeitungszeiten unterscheiden. Das bedeutet, daß sich die Ereignisse in den einzelnen Reihen nicht im gleichen Zeittakt vermitteln, sondern jeweils verschoben wahrgenommen und somit zeitversetzt wirksam werden. Entsprechend ergeben sich komplizierte Überlagerungsmuster, die sich jedoch unter Umständen langfristig synchronisieren. Das System gewinnt damit einen gegebenenfalls allerdings komplizierten Grundtakt. Hier werden nun diejenigen Ereignisfolgen – und damit die diese taktenden Zeitreihen – besonders wirksam, die sich in diesen Gesamtzeittakt in besonderer Weise einpassen. Die somit entstehende Schichtung der Kommunikation stellt einen wesentlichen Anhalt zum Verständnis des Informationsflusses in einem derart verwobenen System dar. Durch sie werden Dispositionen vorgegeben, in denen einzelne Ereignisse (die dem System verfügbaren Informationen) bewertet werden können.

Vernetzungen Was bedeutet das? Eine Information wird in dem Gefüge vernetzter Systembestandteile in der Vielzahl der Zugriffe fortwährend neu bewertet. In der Abfolge der Zuordnungen gewinnen einzelne Elemente des Systems – mit dem steigenden Grad ihrer Vernetzung – zusehends an Bedeutung. Die Ereignisse werden also nach Maßgabe der Binnencharakteristik des Systems bewertet, wobei sich diese mit jedem neuen Zustand verändert. Das System ist auf diese Weise durch den jeweils vorgegebenen Ausgangszustand bestimmt, aber nicht vollständig determiniert. Seine bewegliche Struktur gewinnt das Kommunikationsgefüge, und damit die Matrix möglicher Interpretationen, erst in dem angedeuteten komplexen Prozeß. In der Textur der Zuordnungen ergeben sich – nutzungs- und benutzerabhängig – Schwerpunkte. Hier bilden sich eigene, vielleicht nur kurzfristig wirksame Kanalisierungen des Informationsflusses aus, die zunächst in sich bestimmt weiterlaufen.

Dies kann für Begriffe oder voneinander abgegrenzte Kommunikationsräume gelten, aber ebenso für die Investitionspolitik einer sich auf das Internet verlassenden Bank. Sie wird bei Erfolg ihre entsprechenden Kenntnisse ausbauen und dabei andere Erfahrungsbereiche ausblenden. Damit ist sie, solange sie sich auf die Netzinformationen verlassen kann, gegenüber anderen Banken, die über diese Kenntnisse nicht verfügen, im Vorteil. So wird sie sich immer weiter auf diesen Bereich spezialisieren. Treten nun Veränderungen ein, die sich im Internet nur langsam oder verzögert darstellen, stößt sie mit ihrem spezifischen Kenntnisschwerpunkt an eine Grenze. Durch das unbewußte Ausblenden anderer Erfahrungsbereiche oder auch durch deren Unterbewertung kann sie sich auf diese Weise in eine Krise führen.

Deutungen

Überlagerungen   Nun liegt es nahe, gerade im Internet ein Modell zu sehen, mit dem eine andere, nicht an das bloß aneinandergereihte Abfragen von Information gebundene Darstellung des Wissens möglich wird. Die Vernetzung des Webs stellte somit eine neue Form des Wissens dar, die zugleich das Grundmotiv der alten Wissenssysteme, Wissen sprachlich zu codieren, beibehielte. Die Idee des virtuellen, die Realität nachbauenden Raumes, in dem ich reagieren kann, als sei die Realität um mich herum konfiguriert, macht diesen Anspruch deutlich. Es ist eine neue Philosophie des *Als-ob*,[23] die sich hier entfaltet und die ganz im Sinne der vormaligen, noch zu diskutierenden Expertensysteme der Jesuiten die Welt als etwas wahrnimmt, das sich in der Komplexität seiner sprachlichen

Codierung erschöpft. *Science-fiction*-Texte wie WILLIAM GIB-
SONS *Neuromancer* oder der Plot des Filmes *Matrix* geben etwas
von den Dimensionen dieser sich sprachlich konfigurierenden
Welt zu erkennen.

Da es sprachlich fixiert ist und in der Sprache weitervermittelt wird, ist das Wissen diesen Fiktionen zufolge pervertierbar.
Die Technologie der *Matrix*, die dem Einzelnen eine Welt vor-
gaukelt, ist die Technologie einer sprachlichen Weltversiche-
rung – in aller Konsequenz gedacht. Es ist das Sprachspiel
der Computer, dem der einzelne Mensch hier ausgeliefert wird;
es versetzt ihn, der sich in diesem Sprachspiel kaum wieder-
erkennt, ins Irreale. Die Idee, das Wissen in der Sprache zu
lokalisieren, ist also – so die tiefere Botschaft dieses Films –
nicht tragbar, da sich die Sprache nur bedingt in sich selbst
bewertet: Bewertungen der sprachlichen Repräsentation führen
zwar zur Verbesserung des Virtuellen, machen aus dem Virtuellen aber noch nicht das Reale.

Bedeutet dies, daß wir in unserem sprachlich fixierten Wissen, in der bloßen Bündelung von Informationen in Bibliotheken, Expertensystemen und Lexika, alle Sicherheit verlieren?
Werden die *In*formationen so bei näherer Einsicht zu *De*formationen eines Erfahrungsgefüges, das sich selbst zu wichtig
nimmt und so das Objektive definitiv verstellt? Derjenige, der
auf einen für ihn wichtigen Datenbereich zugreift und dafür die
bisherige Nutzung der in den Blick genommenen Daten bewertet, kann nicht mehr einfach davon ausgehen, eine Reihe
reiner, durch das Netz objektiv beschriebener Informationen
vorzufinden. Schließlich ist jedes Detail der Datenmasse einem
fortlaufenden Zugriff durch andere Nutzer unterworfen, die
mit ihren Zuordnungen das Ordnungsgefüge dieses Datenrau-
mes kontinuierlich verändern. Einzelne dieser Daten sind zu-

dem verschieden alt. Sie werden an unterschiedlichen Positionen dieser hier nur in Andeutungen nachgezeichneten Wirkkaskade von Informationsüberlagerungen im Netz abgegriffen. Das bedeutet, daß es sich bei den verschiedenen, dann in der Übersicht zusammengestellten Teildaten möglicherweise um Teile verschiedener Subsysteme im Kommunikationsfluß des Netzes handelt. Ihr Verhalten folgt damit unterschiedlichen Trends, die ab einer gewissen Größe auch dann weiterlaufen, wenn sich ihre unmittelbare Bezugsbasis schon längst als inkorrekt erwiesen hat.

Wie kann nun in einer solchen Situation, in der klar ist, daß wir analytisch bestenfalls Teile der uns verfügbaren Reaktionsräume beschreiben können, Wissen eine Ordnung gewinnen, die uns eine über die momentane Sicherung von Informationen hinausgehende Orientierung erlaubt? Wir können beschreiben, wie und mit welchen Strategien wir uns in diesen Teilräumen etwaiger Geltungen versichern. Wir können in diesen Reaktionen Konstanten einer Informationsversicherung abgrenzen und von daher einen neuen Zugang zu dem gewinnen, was schon bei Schelling und Hegel Wissen hieß.

Wissen meinte dort eine reflektierte Information, meinte die mit Geltungsanspruch versehene Interpretation eines Erfahrungsbezuges.[24] Zweifellos ist eine Analyse dieses Wissens komplizierter als eine bloß historische Beschreibung der Formen, in denen wir zum Wissen gelangten. Es wäre demnach auch ein mehr als ungezielter Schnellschuß, die Informationsgesellschaft aufgrund der hier nur in Andeutungen skizzierten Situation verabschieden zu wollen, ohne ein neues Konzept des Wissens dagegengesetzt zu haben. Zumindest der Ansatz für dieses neue Konzept ist dabei ein sehr einfacher.

Objektivierungen   Wir können beim Wort nehmen, was Wissenschaft ist und immer schon war. Wissen wird in der Wissenschaft nicht gefunden, sondern geschaffen. Es ist ein Produkt, zurechtgeschnitten auf das, worüber wir sicher verfügen, und im optimalen Falle an der Leistungsgrenze dessen, was wir überhaupt vermögen.

Daß unser Können nur relativ ist, wissen die Geisteswissenschaften schon länger. Ihnen mußte das Glaubensbekenntnis der Objektivierung, das in der so unsicheren, da von unseren Perspektiven abhängigen Erfahrung Halt für ein Wissen suchte, das mehr ist als der Reflex bloßer Impressionen, schon immer verdächtig erscheinen. Sie wußten, daß wir unser Wissen immer historisch relativieren müssen, daß die Perspektiven, in denen wir erfahren, geschichtlich, daß unsere Wahrnehmungen kulturell bestimmt sind; kurz, daß sich vor dem Objekt ein Subjekt befindet, und daß das Objekt als solches nur zu erfassen ist, wenn das Subjekt so um sich weiß, daß es in der Lage ist, sich aus dieser, den Blick verstellenden Position auch wegzubewegen.

Wissensevolutionen   Im 19. Jahrhundert riß die sichere Systematik eines Wissens auf, das die Natur bei Gott und den Menschen in der Natur wußte. CHARLES DARWINS Evolutionstheorie historisierte diese Systematiken auf radikale Weise.[25] Als Ordnung galt nun der nur akzidentelle Befund einer momentanen Konfiguration, die zwar historisch erwachsen, aber auf kein Ziel hin ausgerichtet war. Auch der Mensch war als Natur Teil dieses ziellosen *Sich-vor-sich-hin-Entwickelns*; seine Kultur demnach nur in sich und aus sich bestimmt.

Die Radikalität dieses Ansatzes wurde im ausgehenden 19. und im 20. Jahrhundert jedoch abgeschwächt. Die neue Systematik einer rein evolutiven Sicht blieb den alten Denk- und Anschauungsformen verpflichtet.[26] Damit schien die DARWIN-sche Idee besser verdaubar; ihr Grundgedanke wurde damit allerdings zerstört.

Die Systematik eines sich absolut versichernden Wissens wurde somit nach 1850 nicht einfach aufgegeben. Die Vorstellung einer Wissensordnung sowie einer damit zusammenhängenden Organisation und Struktur des Wissens blieben erhalten. Es sind die alten Denkmuster dieser Vor-Moderne, in denen wir heute Kognition, Wissen und Wissensordnungen denken. Vor 1800 – in einer auf Gott gegründeten Weltsicht – waren die mit diesen Konzepten zusammenhängenden Denkmuster im Absoluten gegründet gewesen. Nunmehr sind uns diese Denkmuster zwar formal erhalten geblieben, haben jedoch ihr Fundament, ihre absolute Sicherung verloren.

Der Widerschein des Absoluten fand sich vor 1850 in der Erkenntnis der Weltordnung. Wissen band sich darin nicht an die zufälligen Konstellationen der der Erfahrung zugänglichen Einzelheiten, sondern an die Rekonstruktion des Ganzen der uns möglichen Bestimmungen. Wissen war die Gewißheit, Einsicht in die Weltordnung gefunden zu haben. Auf diese Weise war das so wenig perfekte Wesen Mensch auf die Spur des Absoluten gesetzt. Erkenntnis zu gewinnen bedeutete, auf den Weg zu gelangen, auf dem sich diese Ordnung auffinden ließ. Die Spur dieses Absoluten ist für uns heute verloren. Wir finden uns durch diesen Verlust jedoch nicht einfach freigestellt, wie es noch der um 1900 vehement agitierende Evolutionsbiologe ERNST HAECKEL (1834-1919) seinem Publikum zu vermitteln suchte.[27] Dabei konnte auch HAECKEL keine wirklich neuen Denkwege aufzeigen, die sich den radikalen Konsequenzen der Evolutionslehre stellten, denen zufolge wir das

Resultat eines Zufallsprozesses sind, der keine Richtung, kein Ziel und demnach auch keine Wertmaßstäbe kennt.

Auch die in ihrer Programmatik ganz anders ansetzende wissenschaftliche Naturreligion HAECKELS machte dies deutlich. Er verkündete einen neuen Glauben, in dem die Wissenschaft – in seinem Fall die Biologie – das neue Glaubensbuch verfaßte; tatsächlich schrieb er dabei jedoch nichts anderes als die schon vorhandenen Handlungs- und Bewertungsnormen fest.[28] Das Vorhandene galt eben aus dem Grund, weil es vorhanden war, als richtig. Dieser Glaube wurde im Rahmen des Positivismus europaweit übernommen.[29] Die Wissenschaft trat darin als Religion auf; die Formen der Versicherung, die Riten und Bilder, die dem Gefüge der wissenschaftlichen Sätze Sinn und Zweck gaben, folgten den alten, vormals noch klerikal vermittelten Mustern. Nur die Art und Weise der Repräsentation, nicht aber ihre Struktur hatte sich gewandelt.

Die Säkularisierung der Wissenschaften setzte nicht einfach neues Wissen frei. Nicht die Natur, sondern die Kultur, in der sie sich etablierte, gab ihr die Kriterien vor, nach denen sie sich zu bewerten hatte. In der Suche nach absoluter Gewißheit stand die säkularisierte Wissenschaft eher schlechter da als die Theologen, die zwar wußten, daß sie selbst die einzelnen Dinge nicht so recht zusammenbrachten, aber immer noch davon ausgehen konnten, daß sich in der Vielfalt der Erfahrungen eine gottgegebene Ordnung finden ließ, an der sie ihr Wissen ausrichten konnten.

Wahrheit bedeutete für diese noch in einer göttlichen Dimension verankerten Wissenschaftler die Gewißheit, sich auf diese Weise in der absoluten Ordnung des zu Wissenden aufgehoben zu finden. In der Tradierung dieser Denkformen blieben nicht nur die Denkfiguren, sondern auch die Methoden, nach denen diese Ordnungen zu finden waren, erhalten: Die Ordnung der Gottnatur kleidete sich zur Naturordnung um.

Mit DARWINS Evolutionslehre war diese Ordnung zerstört worden. Setzte doch die Evolutionsbiologie jede Vorbestimmtheit, wie sie etwa noch GOETHE in seiner Naturmorphologie zu denken suchte, außer Kraft.[30] Der Versuch HAECKELS, die DARWINSche Radikalität mit der Gelassenheit GOETHES zu fusionieren, führte dazu, daß er in seinem Konzept letztlich beide verriet.

Evolution kennt keine Ordnung; ihre Systematik entspringt dem offenen Dasein sich geschichtlich etablierender Objekte.[31] Die Historizität auch unserer Kultur vorbehaltlos anzuerkennen ist Aufgabe nicht nur der Biologie, sondern jeder Theorie des Wissens, die sich den Konsequenzen der Säkularisation unserer Weltsicht stellt. Sie muß damit umgehen, daß auch die Evolution die zu erkennenden Ordnungen nicht einfach vorgibt, sondern daß jede Genese von Ordnung aus sich selbst heraus bestimmt werden muß. Auszugehen haben wir damit nicht von einer am Objektiven auszurichtenden Bestimmtheit oder einem in der Außenwelt gesicherten absoluten Maß. Es gibt keinen Gott mehr, der garantiert, daß das, was für uns außen ist, auch da ist. Wir müssen zudem begreifen, daß sich Erfahrungen nur als physiologische Erregungen in unserem Kopf, als Reaktionen unseres Nervensystems beschreiben lassen. Die radikale Neurophysiologisierung der Erfahrung[32] ist die zweite Konsequenz einer klaren und konsequenten Biologisierung unseres Erfahrens. Damit aber geht uns auch in der Wissenschaft der einfache Maßstab, *daß etwas so ist, weil wir es so sehen*, verloren.

Nehmen wir die evolutionäre Perspektive ernst, so verlieren wir die Position des absoluten Wissens, das sich in einer über der Natur stehenden oder aber in der Natur aufbewahrten Autorität begründet. Wir haben von der Zufälligkeit unserer in die Welt geworfenen Existenz auszugehen. Unsere Ausstattung mit Gehirn und Sinneszentren ist eben so, wie sie ist. Sie bildet für uns den Maßstab, an dem wir die Welt erfahren. Dieser ist jedoch nur der Maßstab unseres Selbst, eine Skala, die das, was wir (als Menschen) sehen, für uns verbindlich macht. Erkauft wird diese Sicherheit mit dem Verlust der Sicherheit um die Objektivität der einen Welt. Das in uns selbst gefundene Maß ist uns im Gegenzug sicher, da es ja wir selbst sind, die sich in seiner Skala spiegeln. Wirklich sicher ist jedoch nur das eine: daß diese Welt in ihrer Struktur nur ein Stadium in einem Prozeß darstellt, der für uns weder Sinn noch Zweck besitzt und so auch keine übergreifende, zeitlose Ordnung.

Sicherheiten   Was bedeutet es dann, wenn wir unser Wissen in eine Ordnung zu bringen suchen in der Hoffnung, mit dieser Ordnung auch Sicherheit zu erlangen? Handelt es sich dabei um die Ordnung der Dinge oder allein um eine Vorgabe, mit der ich mir die Vielfalt möglicher Impressionen als eine in sich stimmige Bezugsgröße, als die eine Welt verfügbar mache? Nicht die einzelnen unterschiedlichen Erfahrungen, sondern die ihren Beschreibungen zugrunde gelegte Struktur, nicht das Vage der Bestimmtheiten, sondern die Ordnung des Bestimmens gibt uns die Sicherheit, das, was wir wissen, *wirklich* zu wissen. Nach DARWIN ist diese Ordnung jedoch geschichtlich verfaßt.

Wollen wir in der Geschichte Ordnung finden, müssen wir einen Sinn dafür entwickeln, inwieweit uns überkommene Ordnungsmuster des Wissens begleiten, anhand deren wir bestimmen, was uns bewußt und was für uns Bewußtsein ist. Die neue Ordnung des Wissens gewährt uns eben keine Sicherheit im Absoluten mehr. Insofern ist auch der Gedanke, in der Ausweitung unserer technischen Expertensysteme endgültige Sicherheit finden zu können, Fiktion. Die absolute Position in einem vorbestimmten Raum möglicher Wissensbeschreibungen ist in jeder Hinsicht aufzugeben. Was wir haben, ist die Ordnung einer Beschreibung, die allein in ihren Zuordnungen über so große Sicherheit verfügt, daß sie im Netz der hier gewonnenen Bestimmungen sagen kann, was das ist, was wir wissen.

Vordergründig lösen wir damit die Frage nach der Geltung unserer Aussagen mit dem Verweis auf deren subjektive Bestimmtheit; in das hier entsprungene Gefüge von Aussagezusammenhängen können wir uns einhüllen und gegenüber der an sich unbestimmten Welt abgrenzen.[33] Dieser Mantel von Bestimmungen ist aber selbstgestrickt. Er belegt daher zunächst nur die Ordnung, die wir in uns selbst vorfinden und in unserer Kultur vermitteln. Die Tatsache, daß wir in der Lage sind, so etwas wie eine Technologie des Wissens zu errichten, bestimmt auch das, was wir mittels dieser Technologie ans Licht bringen.

Zentral für ein Verständnis unseres Tuns ist dabei, daß wir unser Wissen nicht einfach auf Lexika verfügbarer Sätze über die Dinge und Erfahrungen reduzieren können. Wir müssen erkennen, daß uns die verbal verfaßten Niederlegungen unseres Wissens einschränken. Es ist nicht alles sprachlich explizierbar, was wir wissen können. Es gibt diesen für den Philologen so kritischen Bereich des Nichtexpliziten. Wissenschaftshistorisch ist dieser im übrigen nur deshalb so in den Hintergrund getreten, weil hier kaum Schriftquellen vorliegen, und wenn, dann nur solche, die die Wirkungen solchen Wissens, nicht aber dieses selbst beschreiben.

Verfahren   Schon für die römische Antike finden wir kaum Schriftquellen, die uns über die Ingenieurleistungen dieser Zeit informieren. Den spärlichen Quellen der Spätantike zufolge sind die letzten Reste der römischen Gesellschaft und damit auch deren ingenieurtechnische Kompetenzen während der Völkerwanderung zerschlagen worden. Warum aber finden wir dann in Oberitalien bis ins 9. Jahrhundert außerordentliche Leistungen im handwerklichen Bereich sowie die Fähigkeit, auch ohne den Import besten Materials komplexe Bauten zu konstruieren? Dies sind Hinweise dafür, daß in der Kultur nicht nur Bücher, Texte oder digitalisierte Datenbestände weitergereicht werden; daneben gibt es das durch die Praxis tradierte Wissen.

In Jena bestehen noch immer Reste einer ganz besonderen Arbeiterkultur, die für die Entstehung der Optischen Werke Carl Zeiss von zentraler Bedeutung war als alle technologischen Investitionen. Der Arbeiter an der Werkbank war hier in besonderer Weise zur Präzision verpflichtet. Dies galt nicht nur für die eigentliche Arbeit, etwa das Schleifen und Polieren, das im großen Maßstab ohnehin nur unter vergleichsweise sauberen Bedingungen möglich war. Lange vor der Erfindung des Reinraumlabors (das für die Arbeit eines Linsenschleifers ebenfalls nur bedingt geeignet ist) bedeutete dies für den Arbeiter, eine besondere Sorgfalt zu entwickeln, die sich bis in sein Privatleben hineinzog. Sie betraf neben Hygiene und Kleidung bestimmte Verhaltensmuster, die sich in dieser Arbeiterkultur tradierten und damit überhaupt erst die industrielle Fertigung optischer Hochleistungsinstrumente ermöglichten.

Diese Praktiken ließen sich kaum in einem Reglement zusammenfassen, da sie aus einer Identifikation erwuchsen, innerhalb deren sie weitervermittelt wurden. Diese Grundmotivation und Arbeitsbereitschaft war Teil des Kapitals dieses Unternehmens. Das Vorhaben, solche hochspezialisierten und damit sicher auch nicht billigen Arbeitskräfte durch Maschinen zu ersetzen, ist nur bedingt effektiv; die beschriebene Motivation muß auf die insgesamt zu bewältigenden Prozesse und nicht nur auf einen klar umrissenen Arbeitsschritt bezogen werden. Die hier nötigen Fertigkeiten umfassen erlernte Arbeitsstrategien sowie das Wissen, wie und unter welchen Bedingungen sie jeweils einzusetzen sind. Dies technisch zu implementieren setzt voraus, den gesamten Verhaltensbestand der Arbeiterschaft zu erfassen, um dann die möglichen Varianten in den Verhaltensweisen und deren jeweilige Dispositionen beschreiben zu können. Das Beispiel zeigt, daß solches Wissen nicht in einen Katalog zu überführen ist; es verlangt nach einer Darstellungsweise, die es zumindest annäherungsweise als ein Reaktionsgefüge erfaßt, ohne die Leistungen des *nichtexplikativen* Wissens einfach in eine *explikative* Form zu überführen.[34]

Ein Unternehmer wird nun versuchen, zur Optimierung seiner Produktion möglichst viele dieser Momente und Fähigkeiten in Verfahren abzubilden, um sie dann möglicherweise in einen maschinellen Fertigungsprozeß überführen zu können. Von diesem Gesichtspunkt aus sind die Grenzen zwischen explikativem und nichtexplikativem Wissen daher keinesfalls statisch. Andererseits ist mit der Anschaffung jeder neuen Maschine eine neue Praxis verbunden, die mit den etablierten Verfahren in möglichst sinnvoller Weise zu verknüpfen ist.

Nun sind Maschinen Investitionen, die zum einen materielle Güter umfassen, zum anderen eine Ausbildung der sie bedienenden Kräfte verlangen und dabei möglicherweise auch Umstrukturierungen im Bestand der Arbeiter zur Folge haben. Die Maschine erleichtert einen bestimmten Fertigungsprozeß nicht nur, sie erfordert auch Neustrukturierungen in der Praxis. Damit schafft sie neue Produktionsbedingungen, die über die Anschaffung des Gerätes hinaus durchzusetzen sind. Auch diese Folge-Investitionen müssen sich erst auszahlen, ehe sie erneut verändert werden können. Mit der Maschine ist zudem ein nur in Grenzen flexibles Fertigungsverfahren etabliert. Variieren läßt sich in der Weiterentwicklung des durch sie ermöglichten Produktionsverfahrens nur ihre Einbindung in den Gesamtprozeß. Je weiter die Maschinisierung fortschreitet, desto statischer werden die strukturellen Bestimmungen des Fertigungsverfahrens.

Auch die Zeitmuster in der Umschichtung von Fertigungsverfahren nichtmaschineller und maschineller Art sind unterschiedlich. Eine Maschine kann effektiv werden, nachdem sie aufgebaut, eingepaßt und ihre Bedienung eingeübt wurde. Bei einer erforderlichen Umstellung wird daher am Maschinenpark selbst möglichst wenig geändert. Das bedeutet, daß wir es hier mit vergleichsweise langfristig anzusetzenden Fertigungsdispositionen zu tun haben. Manuelle Arbeitsprozesse haben ihre eigenen Traditionen, ihre Verfahren werden erlernt und über den Lernprozeß in einer bestimmten Weise etabliert. Veränderungen sind im Bereich der Arbeitspraxis relativ rasch möglich, aber auch hier sind Grenzen gesetzt, über die hinaus qualitative Veränderungen nur in einer langfristigen Perspektive zu erwarten sind. Demgegenüber ist eine Neukonzeption am Schreibtisch oder im Modell vergleichsweise rasch zu erstellen.

Ein Wissensmanager hat die verschiedenen Momente der Produktion in sorgfältiger Weise miteinander zu vermitteln. Effektiv ist nur der Betrieb, dem es gelingt, die verschiedenen Bestandteile eines Fertigungsprozesses in optimaler Weise zu verknüpfen. Dabei muß berücksichtigt werden, daß es etablierten Verfahren auch mit möglichen Veränderungen gelingt, ein konkurrenzfähiges Produkt auf den Markt zu bringen. Bezogen auf den Produktionsprozeß erschöpft sich das Wissen nicht einfach in einer Darstellung des ingenieurtechnisch Möglichen. Die Wissensbilanz eines Betriebes umfaßt vielmehr den gesamten Komplex, angefangen bei den Leistungen der Forschungsabteilung bis hin zu den etablierten Techniken der Produktbearbeitung, des Personalmanagements und des Marketings. Insofern zeigt sich, daß man die Betriebskultur als ganze in den Blick nehmen muß. Unterschiedlich strukturierte Betriebe werden bei gleicher Produktvorgabe unterschiedliche Bewertungen erfahren und dabei unterschiedliche, vielleicht sogar konkurrenzfähige Verfahrensabläufe etablieren.

Dieses Beispiel scheint auf den ersten Blick fernab von dem zu liegen, was einen Wissenschaftler beschäftigt. Auch dieser ist jedoch in seinem Tun nicht frei und von allen Strukturen unabhängig. Die von ihm herangezogenen Verfahren und Strukturen sind keineswegs nur akzidentelle Bestimmungen seines Wissens. Er arbeitet in Strukturen, die nicht nur seine Tätigkeiten gliedern, sondern ihm überhaupt erst die Ressourcen offenlegen, von denen ausgehend und mit denen er seine Forschungen betreibt. Diese Strukturen – Textbestände oder die verschiedenen Gerätschaften eines physikalischen Laboratoriums – umreißen den Bereich seines Wissens. Deutlich wird dies an Großgeräten wie etwa einem Teilchenbeschleuniger. Dessen Herstellung umfaßte von der Idee, den Konstruktions- und Genehmigungsverfahren bis zur eigentlichen Fertigung einen Zeitraum von mehr als zehn Jahren. Die innerwissenschaftliche Diskussion um bestimmte, für eine theoretische Entwicklung notwendige technische Verfahren liegt also über mehr als ein Jahrzehnt zurück, bevor überhaupt ein erster Probelauf dieses Gerätes erfolgt. Niemand hat jedoch einfach zehn Jahre auf das Gerät gewartet. Vielmehr hat sich die konzeptionell orientierte Forschung mangels dieses Gerätes in den zehn Jahren in anderer Weise entwickelt. Wie ist nun aber zehn, fünfzehn, zwanzig Jahre später das nun hergestellte Gerät in den fortgeschrittenen Diskussionsprozeß sinnvoll zu integrieren? Es wäre fatal, etwa aufgrund der Tatsache, daß hier umfangreiche Fördermittel eingeflossen sind, die Forschung auf den Stand von vor zehn Jahren zurückdrehen und die ursprünglich beantragten Experimente durchführen zu wollen. Dennoch wird ein Theoriegefüge so variabel gehalten werden müssen, daß es mit den verfügbaren Techniken arbeiten kann. Es gibt also in der Tat strukturelle Bedingungen des Wissens.

Laboratorien Diese Momente werden schon in sehr viel kleinerem Maßstab bedeutsam. Ein Neurophysiologe wird in seinem Labor die Aktivitäten der ihn interessierenden Nervenzellen mit Geräten messen, die Ingenieure in ihrer Grundanlage in den vierziger Jahren konzipierten. Die Meßmethodik wird sich immer weiter verfeinern, zugrunde liegen dem Verfahren jedoch die zu Beginn der Entwicklung solcher Meßapparaturen formulierten Vorstellungen davon, wie welche Signale der Nervenzellen zu registrieren sind. Das Meßsystem war von Anfang an erfolgreich, wurde dann immer weiter optimiert und gehört nun zur Grundausstattung des neurophysiologischen Labors. Eine physiologische Registratur wird demnach immer nach Maßgabe der in diesen Geräten implementierten Vorstellungen zur Nervenzellaktivierung erarbeitet. Mittlerweile existieren alternative Registrierverfahren, dennoch bleiben die Messungen zumindest insoweit auf die erste Technologie bezogen, als die neuen Verfahren das, was vormals gemessen wurde, ihrerseits in irgendeiner Form mit abzubilden haben, damit ihre Aussagen auf die vormaligen experimentellen Daten zurückzubeziehen sind. Auch hier stehen also Verfahren und deren strukturelle Bedingungen als eigenständige Traditionen neben dem Bereich einer ideengeschichtlich zu fassenden Entwicklung des konzeptionellen Denkens. Das heißt nun nicht nur, daß sich stets ein eigenständiger Bereich des praktischen Wissens neben der Tradition einer konzeptionell orientierten Wissenschaft etabliert.[35] Es bedeutet auch, daß eine Vielfalt verschiedener, nur bedingt miteinander verschränkter Traditionen existiert. Die Ordnung des Wissens kann damit nicht einfach in einem durch Begriffe vorgegebenen Raster gefunden werden. Dieses Wissens muß sich vielmehr gerade in dieser Vielfalt erhalten. Dies ist die geforderte *Neuordnung des Wissens*, die allein das hochgradig strukturell bestimmte Wissen unserer Wissenschaften und Industrie weiterbringen kann.[36] Hierin begründet sich auch die wissenschaftshistorische Sondierung, die nicht einfach ein neues System vorgibt, sondern eine Orientierung in der geforderten Offenheit gegenüber den verschiedenen Traditionen erlaubt, ohne ins Haltlose zu führen. Die Forderung einer neuen Wissens-Wissenschaft lautet daher: *Nicht Systematisierung im Sinne eines vorgegebenen Rasters, sondern Historisierung im Sinne einer Darstellung der gewachsenen Verschränkungen und ihrer Grenzen.*

So gibt es im Labor bestimmte, über eine ganze Reihe von Doktoranden tradierte Fertigkeiten, mit den vorhandenen Geräten umzugehen, die es erlauben, eigene technologische Innovationen als Laborpraxis zu etablieren, wie etwa das Häuten des Eies einer Taufliege oder die selektive Färbung einer Nervenzelle in ihrem Gehirn. Um dahin zu kommen, reicht es nicht, die benötigten Apparate zu besitzen und sich deren Handbücher durchzusehen. Es geht vielmehr darum, wie diese Handbücher umzusetzen sind. Dabei sind über das theoretische Wissen hinaus bestimmte *skills* vonnöten, die es erlauben, ein Untersuchungsobjekt für die Experimentalapparatur verfügbar zu machen. Es ist also eine ganze Reihe von Verfahren zu erlernen, die nirgendwo niedergeschrieben und im Eigenstudium nur mühsam über ein *trial and error*-Verfahren zu finden sind. Erlernt werden sie vielmehr dadurch, daß der Forscher oder einer seiner Mitarbeiter für einige Zeit im Labor eines befreundeten Kollegen, der mit solchen Techniken vertraut ist, hospitiert.

Es gibt also auch im Bereich der Wissenschaften, speziell der Naturwissenschaften, eine dem industriellen Fertigungsprozeß vergleichbare Überlagerung struktureller, praktischer und konzeptioneller Traditionsstränge. Wie es eine bestimmte Industriekultur gibt, gibt es auch Fachkulturen und, analog zum Betrieb, eben nicht nur bakteriologisch einzugrenzende Laborkulturen. Hier sind verschiedene Erfahrungsmomente im Gesamtgefüge des Wissens fixiert, die allein in ihrem Zusammenhang garantieren, daß in den verschiedenen Bereichen ein angestrebtes Produkt in optimaler Form erarbeitet werden kann. Im ersten Fall handelt es sich bei dem Produkt um eine direkt in Geld umzusetzende Ware. Im zweiten Fall steht am Ende eines solchen Prozesses Wissen; auch dieses dient dem Forscher als Ware, als Garant seiner Beschäftigung und als Zahlungsmittel für die erhoffte Ehre durch die Zunft und den damit verbundenen *social benefit*.

Kommen wir jedoch von diesen realen Bedingungen der Wissensproduktion noch einmal zurück zum Grundansatz der Techniken einer Wissensbestimmung. Diese haben sich für denjenigen, der das Wissen zu managen sucht, dadurch, daß er heute maßgeblich mit Maschinen umgeht, keineswegs vereinfacht. Er hat nun nicht mehr nur eine, er hat mehrere nebeneinanderher laufende und doch miteinander verschränkte Traditionen zu berücksichtigen und aufeinander abzustimmen. Und alle diese Traditionen erwachsen aus geschichtlichen Zusammenhängen, die möglicherweise nur bedingt miteinander vernetzt sind.

Kein Konstrukteur eines Rasterelektronenmikroskops hat in der Initialphase dieser Erfindung daran gedacht, wie ein Biologe dieses Gerät im ausgehenden 20. Jahrhundert nutzen würde. Dieser konnte jedoch das Gerät daraufhin ansehen, ob sich damit für ihn interessante Gegebenheiten abbilden ließen.[37] Das Rasterelektronenmikroskop zeigt, wie schnell in der wissenschaftlichen Anwendung eines solchen Gerätes die Technologie über die Konzepte zu dominieren vermag. Schließlich ist dieses Gerät für die Biologie analytisch – bis auf die Abbildung von Mikrofossilien und die Analyse der Mineralzusammensetzung biologischer Organe – nur wenig einsetzbar. Dennoch haben die mit ihm gewonnenen Bilder eine Generation von Biologen derart fasziniert, daß sie mit diesem Gerät ganze Atlanten des Mikrokosmos herzustellen versuchten. Heute finden sich diese Photographien zunehmend in populärwissenschaftlichen Büchern oder gar in der Kunst wieder. Das Rasterelektronenmikroskop dominierte mit seinen Abbildungsqualitäten zumindest für einen Moment lang einen Teilraum des Wissens. Das mit ihm Machbare kanalisierte den Blick der Forscher. Technologien können so Wissenschaften zumindest partiell und kurzfristig dominieren. Doch befindet sich damit das Wissen der Wissenschaften nicht generell unter dem Maßstab des Machbaren.

Bemessungen Wissen bestimmt sich nur vordergründig nach Kriterien, die mit der einfachen Bewertung von wahr und falsch solchen Anwendungsbezügen enthoben zu sein scheinen. Und so hat auch ein Wissenschaftsmanager sich klarzumachen, daß er trotz der vermeintlich eindeutigen Alternative von »wahr oder falsch« für die Bewertung des Wissens kein rein ideengeschichtlich bestimmbares Klassifikationsraster zur Verfügung hat.

Im Betrieb verweist der Manager auf den Markterfolg. In gewisser Hinsicht kann dies auch der Wissenschaftler. Er setzt auf den Erfolg seines Konzeptes. Der Wissenschaftshistoriker Thomas Kuhn hat mit dieser Diagnose der eben doch zuletzt pragmatischen Bewertung des wissenschaftlichen Fortschritts vor knapp vierzig Jahren eine neue Art von Wissenschaftswissenschaft ins Leben gerufen.[38] Das Resultat dieser Betrachtung des Wissenszuwachses ist: Der Maßstab des Wissens auch in den Wissenschaften bestimmt sich aus deren Genese.

Haben die Naturwissenschaften zu diesem Verweis auf die Geschichte eine Alternative? Die Sicherheit eines in sich geschlossenen Weltbildes ist gerade auch für die Natur spätestens mit Darwins Evolutionstheorie in eine geschichtliche Dimension gestellt, die die absolut erscheinenden Systematisierungsmuster als heuristische Klassifikationsschemata enttarnt. Das Bestimmungsraster der Biologen in der Nachfolge von Carl von Linné war im Lichte von Darwins Theorie neu zu interpretieren.[39] Bei Linné gab es feste Gruppierungen, die in einer hierarchischen Schichtung ein einsichtiges Bestimmungsmuster der *naturalia* zu erlauben schienen. Hier war, wie schon die Zeitgenossen sahen, nicht nur ein praktisches Klassifikationsverfahren etabliert. Die Idee war vielmehr, in dieser Systematik feste Maßstäbe gewonnen zu haben, denen zufolge sich das Wissen dieser Wissenschaft strukturieren ließ. Signifikanz haben diese Gruppierungen des biologischen Materials – die Familien, Gattungen und Arten – in der DARWINschen Perspektive nun aber allein insoweit, als sie in ihren Ähnlichkeitsbezügen auf Genealogien und damit auf geschichtliche Prozesse verweisen, deren Genesen sich als das Resultat eines in sich unbestimmten Prozesses beschreiben lassen.

Auch in der Analyse der Entwicklung naturwissenschaftlicher Wissensbestände – schließlich müssen wir ja auch erfassen, wie DARWIN selbst zu seiner Schlußfolgerung kam – finden wir einen mit der konsequenten Historisierung einhergehenden Verzicht auf einen festen Bemessungsmaßstab des Wissens. Betrachten wir die etwaigen Alternativen, die uns die Naturwissenschaften gegenüber einer entsprechenden Relativierung, die schließlich auch die Objektivität ihrer Urteilsbestände umgreift, bieten, so stellen wir fest, daß diese alternative Naturwissenschaft ihr Wissen eben nicht von festen Prinzipien ableitet, sondern aufgrund von Modellvorgaben in den ihr verfügbaren Datenfeldern zu entdecken sucht.

Auch die Mathematik, das wissen wir spätestens seit BERNHARD RIEMANN für die Geometrie und seit GOTTLOB FREGE für die Axiomatik insgesamt, arbeitet mit arbiträren Vorgaben.[40] Diese sichert sie dadurch, daß sie die auf den gewählten Axiomen aufbauenden Sätze konsistent hält. Bloß mögliche Aussagenschemata sind dabei von praktikablen, das heißt solchen, die sich für Handlungsoptimierungen nutzen lassen, zu unterscheiden. Nutzbarkeit – das heißt Übertragbarkeit in andere Aussagensysteme wie etwa die der Kernphysik, Volkswirtschaft oder Strömungsdynamik – gibt die Kriterien vor, mit denen sich die jeweilige Dignität eines einzelnen mathematischen Aussagengebildes beschreiben läßt.

Wie gesagt, sind es nun aber nicht nur die Beobachtungen und die ihnen zugrunde liegenden Wahrnehmungsschemata, es sind auch Praktiken und Techniken, die uns in unserem Wissen bestimmen.[41] Eine Darstellung der Genese der Wissenschaften und damit eine Darstellung der Bedingungen, wie wir zu unserem Wissen gelangen und es erhalten, darf diese Momente nicht ausgrenzen.

In bezug auf die Wissensordnung verweisen wir dabei nicht auf vorgegebene Maßstäbe, sondern auf die geschichtlichen Bedingungen, innerhalb deren wir zu einem ganz bestimmten Wissen gelangen. Können wir auf diese Weise die Methoden einer Wissens-Wissenschaft erweitern und praktikabel machen?

Kultivierungen

Entwicklungen

Kultivierte Information   Unter den Bestimmungen einer Wissensordnung kultiviert sich unsere Informationsgesellschaft. Wissen ist keine Ware, die einmal in die Welt gesetzt als Konstante im Kommunikationsfluß gehandelt werden kann. Wissen ist ein Moment in dem komplexen Prozeß der Selbstreferenz eines sich fortlaufend in Frage stellenden Systems. Informationen sind Momente einer kulturell vermittelten Kommunikation. Es sind Größen, die ihre Skalierung in einer geschichtlich gewachsenen Situation sowie im Kontext eines je aktuellen Wissenskomplexes erfahren, in dem sie als Informationen registriert und archiviert werden. Information ist als Wissen Kulturgut.

Die Geschichte des Wissens ist eine Geschichte der Kulturation, auch in der Naturwissenschaft. Eine Wissenskultur wird uns zwar jeweils in ihrem sprachlichen Widerhall verfügbar, beschränkt sich jedoch nicht auf die bloß verbale Codierung. Das Nichtexplikative, die strukturellen Dispositionen sind gleichfalls Momente, die nicht unterschätzt werden dürfen. Eine Wissenskultur vermag eine eigene Dynamik zu entwikkeln, innerhalb deren Neues erschlossen werden kann. Neu ist, was sich an Information in den Wissensbestand einbinden läßt, jedoch so noch nicht in Erscheinung getreten ist. Neu ist der Versuch einer dann auch theoretischen Sicherung von Erfahrungsurteilen, in der dieses Erfahren sich zunehmend seiner selbst bewußt wird. Dabei geraten Praktiken und Intentionen in den Blick des Analytikers; sie werden – als solche ausgewiesen – zu möglichen Informationen im Bestand des Wissens, in dem sie sich dann als in neuer Weise bewertbar erweisen.

Die Information ist da neu, wo sie sich nicht in das sprachlich gefaßte Alte einpaßt. Wirkliche Informationen sind Deformationen des Vorgegebenen; und sie sind nur insoweit informativ, als sie als Deformation wahrgenommen werden. Es ist nicht das ganz Andere, das ich auf diese Weise erfasse; es ist das nur wenig fremde, das nicht integrierte, aber im Gesichtsfeld stehende Einzelne, das mich in-formiert. Das ganz Andere bleibt außerhalb der Systematik des wissenschaftlichen Wissens.

Gerade an den Naturwissenschaften läßt sich diese Geschichtlichkeit des Wissens besonders deutlich machen. Die Naturwissenschaften sind erst Ende des 18. Jahrhunderts als eigenständiger Bereich überhaupt greifbar.[1] Vorher finden wir eine an der Systematisierung der Naturphänomene interessierte Naturgeschichte, eine praktisch ausgerichtete Mathematik, in der Nautik, Fortifikationskunst und ein guter Teil dessen, was wir heute unter Physik verstehen, gelehrt wurden, sowie Bereiche wie Pharmazie und eine hiervon meist nicht allzu klar abgegrenzte Chemie. Erst nach 1800 begreifen sich diese Fachbereiche als einheitlicher Wissensraum, und erst im 19. Jahrhundert erwächst der Anspruch, einen induktiv verfahrenden, auf objektivierbare Datenerhebung gegründeten Wissensbereich ausformulieren zu können. Zugleich aber zerfällt diese Naturwissenschaft im Moment ihrer Ausgliederung aus dem Gesamtzusammenhang der philosophischen Fachbereiche in Disziplinen, die Ende des 19. Jahrhunderts jeweils für sich einen Alleinbegründungsstatus reklamieren. Das Wissen dieser einzelnen Disziplinen ist nicht ohne weiteres kompatibel, ist es doch je an ein bestimmtes methodisches Verfahren geknüpft, über das ein Befund überhaupt erst in eine Disziplin eingegliedert werden kann. Um einen Befund aus der Physik zu übernehmen, muß die Biologie ihn also zunächst in ihr Raster einfügen. Der Befund wird damit in einen neuen Interpretationsrahmen eingebunden, aus dem heraus er überhaupt erst innerdisziplinär wahrnehmbar wird. Für den Biologen ist die Welt notwendig biologisch, wie sie für den Physiker physikalisch ist. Der dann Ende des 19. Jahrhunderts erwachsene Universalanspruch, wie ihn Forscher wie der schon genannte Biologe ERNST HAECKEL oder der Chemiker und Nobelpreisträger WILHELM OSTWALD weltanschaulich vertraten, zeigt die Konsequenz einer disziplinär diversifizierten Methodologie der Naturerfahrung auf.[2]

Im Kontext dieser Disziplinen gewinnt Wissen damit bezogen auf deren jeweilige Sichtweisen Geltung. Die in ihnen charakterisierten Gesetzmäßigkeiten beschreiben die Dinge, wie sie in der Perspektive der Disziplin wahrgenommen werden. So gelten etwa für eine Zelle die thermodynamischen Gesetze. Diese Tatsache ist möglicherweise für das Bemühen des Biologen, die Regulation von Stoffwechselprozessen zu beschreiben, nutzbar, um bestimmte Teilprozesse zu klassifizieren. Damit wird der Biologe aber nichts zum Weltbild eines Physikers beitragen, der seinerseits die thermodynamischen Gesetzmäßigkeiten eben als grundlegend für ein Verständnis der Naturphänomene hält. Der Biologe wird dies nicht bestreiten, schon da er substantiell zu dieser Aussage nichts beitragen kann. Kurz, das Wissen der Naturwissenschaften greift nur bedingt ineinander. Dies geschieht nur insoweit, als sich in den verschiedenen Disziplinen jeweils unter der eigenen methodischen Sichtweise Anleihen machen lassen.

Absolutes Wissen   Im ausgehenden 18. Jahrhundert war die Ordnung des Wissens durch das Wissensvermittlungskonzept von DENIS DIDEROT (1713-1784) und JEAN BAPTISTE LE ROND D'ALEMBERT (1717-1783) und die daraus resultierende *Encyclopédie* bestimmt. Dieses aufklärerische Konzept der Wissenssystematisierung verlor sich jedoch im Laufe des darauffolgenden Jahrhunderts parallel zur fachlichen Disposition der neuen, gegen Ende des 19. Jahrhunderts weitgehend universitär vermittelten Wissenschaftslandschaft.[3] Dennoch blieb neben der zunehmend disziplinär ausgerichteten Sicht der Naturforscher der vormalige Anspruch einer Universalwissenschaft bestehen.[4] Die Naturwissenschaften nahmen dieses Konzept in Form eines positivistischen Wissensentwurfes wieder auf. Es ging darum, Kenntnisse zusammenzutragen. Kenntnisse erlaubten es, die Welt in neuer Weise verfügbar zu machen. Die Stars der Romane eines JULES VERNE waren die kenntnisreichen Ingenieure, die ganz im Sinne der Aufklärung die nunmehr technisierte Welt für die Gesellschaft urbar machten. Die *Insel Felsenburg*, auf der eine gestrandete Gesellschaft des 18. Jahrhunderts eine ideale Kultur aufrichtete, fand ihre direkte Entsprechung in der *Geheimnisvollen Insel* von JULES VERNE, auf der es ein Ingenieur sogar fertigbrachte, aus dem Nichts Kanonen zu formen. Wissen – das entsprach ja auch der Ideologie der Positivisten – war eben nichts anderes als der sich sukzessive aufbauende Wall aus Einzelheiten, mit dem dann immer größere Gebäude zu errichten waren. Kultur war dieser Vorstellung zufolge ein solches Gebäude. Strittig erschien dabei nicht mehr die systematische Zuordnung der Steine; der positivistischen Auffassung zufolge wurde diese ja nicht von außen an die Befunde herangetragen, sondern war in diesen selbst angelegt. Die Gebäude des Wissens waren als Puzzles zu verstehen, in denen durch ein richtiges Zusammenfügen der Teile ein in sich bestehendes Ganzes erwachsen konnte. Nur waren diese Puzzles nicht einfach Bildvorgaben, sondern komplexe, mehrdimensionale Gebilde, die sich auch nicht einfach nach einer Blaupause anfertigen ließen, die irgendwann in der Vergangenheit formuliert worden war. Der Ordnungszusammenhang dieses Wissen wurde ständig aktualisiert; dadurch konnte dieses Wissen aus den vormaligen Ordnungen heraus- und in eine neue Welt hineinführen. Die Ikone dieser Wissenschaftsauffassung lieferte der populärwissenschaftliche Autor CAMILLE FLAMMARION Ende des 19. Jahrhunderts mit seinem Bild eines Menschen, der, aus den überkommen Ordnungen ausbrechend, seinen Kopf aus dem Gefüge des mittelalterlichen Weltbildes in die Moderne reckt.[5] Er sah auf diese Weise auf die Mechanik eines Weltengefüges, das in den wissenschaftlichen Verfahrensweisen und damit Gesetzmäßigkeiten seine Anschauung fand.

Dieser Versuch einer umfassenden Bestimmung des positiven Wissens durch die schlechte Unendlichkeit eines immer weiter expandierenden Sammelns fand etwa in der holistisch konzipierten *Allgemeine[n] Encyclopädie der Wissenschaften und Künste in alphabetischer Folge von genannten Schriftstellern bearbeitet* ihren Ausdruck. Der Verlust des Vertrauens in vorgegebene Ordnungen führte zu der Idee, die für die Weltbeherrschung notwendigen Kenntnisse in allen Details verfügbar zu machen.[6] Zwischen 1818 und 1889 entstanden 167 großformatige Bände, ohne daß das Projekt abgeschlossen werden konnte. Über 1900 hinaus tradiert wurde das vormalige, die Idee einer geschlossenen Wissensrepräsentation vermittelnde Konzept der Enzyklopädien in den Karteisystemen der Bibliotheken und prägte über diese die Ordnungsmuster der modernen compu-

Abb. 1: aus C. Flammarion, *L'Atmosphère. Météorologie Populaire*,
Paris 1888

terbasierten Expertensysteme. So bleiben auch diese trotz aller
Vernetzungen an hierarchische Wissensorganisationsmodelle
gebunden, wie sie aus der barocken Universalwissenschaft über-
mittelt worden waren.

In der Publizistik des 19. Jahrhunderts verflachte die Enzyklopädie zum Konversationslexikon; es sicherte das Wissen
nicht mehr in der es kennzeichnenden Struktur, sondern machte es in Form der enzyklopädischen Zusammenstellung lediglich leichter verfügbar. Das Lexikon bestimmte nicht mehr die
Systematik des Wissens, sondern folgte dessen Taxonomie. Seine Anordnung der Wissensbestände ist daher auch eine alpha-
betische und keine systematische.

Ende des 19. Jahrhunderts wird dann auch die Vorstellung
einer kompletten Archivierung des uns möglichen Wissens her-
untergestuft auf die Darstellung des jeweils Machbaren. Die

Systematik des Wissens bestimmt sich jetzt aus der Praxis der Wissenschaften. Getrieben durch die Aufgliederung in immer neue Anwendungsfelder, führte dies im 20. Jahrhundert zu einer weiteren Differenzierung von Teildisziplinen. Aus der Mathematik gliederte sich die Informatik aus. Aus dieser entstanden die Bioinformatik und – jüngst – die Neuroinformatik. Das Ideal dieses neuen Wissens verkörperte der Ingenieur. Entsprechend an Bedeutung gewann seit dem ausgehenden 19. Jahrhundert die technische Bildung, die, aufbauend auf den praktisch ausgerichteten Akademien und Gewerbeschulen, den steigenden Anforderungen zu entsprechen suchte.[7]

Deutlich an der Geschichte des archivierten Wissens wird dessen Eingrenzung auf sprachliche Verfügbarkeit, in der das Wissen abgebildet, gesichert und beherrschbar schien. Diese Archive des Gewußten sind Dokumente, in denen der Komplex des Wissens fixiert wird. Wäre es dies wirklich, wäre das Wissen tot. Lebendig bleibt es dadurch, daß es uns verfügbar ist. Damit aber steht es in der Geschichte, die es fortlaufend umdeutet. Denn in dieser unserer Geschichte wird das, was wir zu wissen meinen, immer wieder neu auf das bezogen, was wir an neuen Erfahrungen gewinnen. Fraglich ist nur, ob es uns gelingt, solch ein uns verfügbares Wissen anders als punktuell abzubilden.

Es sind die neuen Sprachfindungen im 19. Jahrhundert, die sich zunehmend als Fachterminologien verselbständigen und so den bereits vollzogenen Schritt vom Lateinischen ins Deutsche in einem gewissen Sinne wieder rückgängig machen. Die Fachsprache ist der Versuch, in der Disziplin erwachsene Konventionen in einem eigenen Vokabular einzufangen, dessen Semantik methodisch kontrollierbar bleibt. Dennoch lehnen sich auch die Fachsprachen an den Stil ihrer Kultur an, sie differenzieren eine Sichtweise dieser Kultur und machen sie damit auch ihrem Umfeld verfügbar. Das wirkt dann etwa in der Ausbildung auf die Wissenschaft zurück. Ihre Sprachspiele machen sie also nicht autonom; sie bauen lediglich Barrieren, die das Einströmen der fachfremden Diskurse und Termini zumindest in gewissem Umfang verhindern. Andererseits sind es die sich hinter diesen Barrieren formenden sprachlichen Sedimente, in denen das Umfeld diese Wissenschaft wahrnimmt.

Durch die Kanalisierung formen sich Aussageketten, die einen spezifischen Diskurs entfalten, in dem das Objekt der Rede nur noch in der Rede selbst zur Anschauung kommt. Auch der Verweis auf die Erfahrung wird in der Wissenschaft zu einem Sprachspiel. Es sind Sätze, Zuordnungen ursprünglich sprachlicher Art, die einen sinnlich verfügbaren Datenraum erfaßbar machen. Es sind ebenfalls Sätze, die meine Erfahrung einem bestimmten Diskurs unterordnen, sprachlich formulierte Regeln, in denen ich wahrnehme und die Wahrnehmung in den Kanon des der Wissenschaft verfügbaren Wissens einbinde. Es sind somit die Ordnungsmuster der Sprache, in denen sich die Erfahrungen ein Gesicht geben.[8] Losgerissen aus dem Grund der sinnlichen Versicherung, werden sie in der sprachlichen Fixierung autonomisiert. Es sind Beschreibungen, nicht Erfahrungen, die der Wissende in den Erfahrungsstand seiner Wissenschaft und damit letztlich an die Kultur weiterreicht. Es sind demnach in Sätze eingebundene Momente eines sehr viel umfassenderen Wissens; es sind Eingrenzungen, Bestimmungen und Klassifikationen, die die Erfahrungsraster festschreiben, in denen ich weiß.

Es waren diese strukturellen Vorgaben der Wissenschaft, in denen sich die Wissensvermittlung und Wissenstradierung ereignete und reformierte. Es waren die sich in der Disziplinengenese etablierenden Kommunikationsräume, die sich in

Fachterminologien verfestigten, die Förderstrukturen und Forschungsinstitutionen, die das Wissen aus der Einheit einer Perspektive auf das Ganze herausnahmen. In dem nun aufscheinenden Kaleidoskop einzelwissenschaftlicher Wissensbesonderungen wird immer nur ein Ausschnitt verfügbar gemacht.

Disziplinierung Das im 19. Jahrhundert zunächst in den Naturwissenschaften praktizierte Modell fachlich bestimmter Forschungs- und Ausbildungsabgrenzungen wurde im deutschen Sprachraum schon bald von anderen Wissensbereichen wie etwa der Theologie übernommen.[9] Die Strukturen waren in den verschiedenen europäischen Staaten unterschiedlich ausgebildet; die Universität HUMBOLDTscher Prägung mit ihrem Modell der Einheit von Forschung und Lehre wurde jedoch im Laufe des 19. Jahrhunderts auch über Europa hinaus einflußreich.[10] Universitäre Einrichtungen, die denen des deutschen Sprachraumes vergleichbar waren, etablierten sich in diesen Ländern allerdings vergleichsweise spät, was noch Ende des 19. Jahrhunderts heftige Stellungnahmen von Wissenschaftlern hervorrief, die sich in dem nun aufbrechenden Forschungswettstreit der Nationen strukturell benachteiligt fühlten. Wissen gewann politische Bedeutung; es wurde zum Instrument nationaler Positionierungen und damit schon im Ansatz ideologisiert.[11] Das im »sportlichen« Wettstreit der Nationen verbreitete Wissen und der somit strategisch eingeschränkte Austausch von Informationen konstituieren eine eigene Kommunikationshierarchie. Wissen als nationaler und ökonomischer Faktor wird zu einer Ware, mit der sich handeln und die sich bei Bedarf in speziellen Ausbildungsprogrammen gezielt herstellen läßt. Eine Geschichte dieser Verfügbarmachung des Wissens, in der deutlich wird, wie sich die Weltweisheit zu einer numerisch auszuweisenden Information wandelt, wäre gesondert zu schreiben. Hier konturiert sich ein eigener Problemhorizont, von dem her auch das hier Vorgelegte neu in den Blick genommen werden müßte.

Der Prozeß der Disziplinierung des Wissens läßt sich bereits an der Einführung und am Gebrauch des Begriffs der Naturwissenschaften darstellen. Anfangs – vor 1800 – wird dieser Begriff nur sehr vorsichtig als eine ordnende Kategorie gebraucht, in der alles umgriffen ist, was wir von der Natur wissen.[12] In dieser Hinsicht stehen in der Naturwissenschaft Physik, Chemie, Zoologie, Botanik und Mineralogie nebeneinander. Man interessierte sich für deren Systeme, für das in ihnen registrierte Aussagengefüge, in dem sich Welt abbilden ließ. Erst langsam erwuchs daraus der Gedanke, daß sich in diesem Einzelnen ein einheitliches Wissen um die Natur fassen läßt. Im Sinne der KANTschen Philosophie konnte ein solches Naturwissen nur dann wirkliches Wissen sein, wenn es mir unabhängig von der Zufälligkeit einzelner Erfahrungen sicher ist. Diese Sicherheit findet sich im Apriorischen, nach KANT in den synthetischen Urteilen a priori, und das wiederum ist mehr oder weniger Mathematik.

Nach 1800 wurde die Idee einer umfassenden apriorischen Sicherung des naturwissenschaftlichen Wissens aufgegeben. KANTS kritische Philosophie wurde nur mehr als Regulativ methodischer Sicherungen begriffen.[13] Es ging nicht mehr um die eine Naturwissenschaft oder die Ableitung einer Naturwissenschaft im reinsten Sinne, wie sie noch SCHELLING verstanden hatte.[14] Die Realität der Natur als solche war nicht mehr thematisch. Wissen wurde jetzt vielmehr auf den methodischen Rahmen der Disziplin bezogen. Ziel war, in den einzelnen Disziplinen Gesetzmäßigkeiten zu finden, die es erlaubten, einzelne Naturprozesse zu verstehen. Bei diesen Gesetzmäßigkeiten handelte es sich um Regularien im Ordnungsgefüge der disziplinär vermittelten Daten. Regularitäten in der Abfolge wurden demnach im Gesetz beschrieben und nicht aus dem Gesetz konstituiert. Es war gar nicht intendiert, einen strukturellen Einheitsraum des Wissens vorzugeben.

Die Idee der Mathematisierung des Wissens zielt demnach nicht einfach auf Berechenbarkeit. Sie bindet das Naturwissen auf ein *a priori* feststehendes Gefüge möglicher Aussagen zurück, um es von dort als Naturwissenschaft zu sichern. Dabei handelt es sich natürlich um keine induktiv verfahrende Wissenschaft. Zu einer solchen wurde die KANTsche Transzendentalphilosophie dann Mitte des 19. Jahrhunderts – etwa durch den von den deutschen Naturforschern breit rezipierten ERNST FRIEDRICH APELT – umgedeutet.[15] Die induktiv verfahrende Naturforschung kann diese apriorischen Strukturen nur noch als Regeln optimierter Kommunikation begreifen; sie sichert ihr Wissen in der inneren Stimmigkeit unseres Redens über die Dinge. In diese Richtung zielten auch die Sprachphilosophen zu Beginn des 20. Jahrhunderts.

Wissen wäre demnach nicht in der vor aller Erfahrung erschlossenen Struktur der Natur, sondern in den Äußerungen über sie zu finden. Da solche Äußerungen aber nur nach dem jeweiligen methodischen Ansatz der Wissenschaften möglich sind, bedarf es einer theoretischen Absicherung, die darauf achtet, daß die Konstruktionsregeln dieser Aussagen nicht zu Widersprüchen führen.

Der schon beschriebene positivistische Ansatz zielte demnach schlicht darauf, alles unterschiedslos festzuhalten. Schließlich kann es innerhalb einer solchen induktiven Wissensordnung keine Hierarchie geben; registriert wurde eben das, was da war und wie es da war. Die biologische Systematik, wie sie Ende des 19. Jahrhunderts noch HAECKEL offerierte, konnte demnach bereits in der Beschreibung der Formen Wissenschaft bestimmen: Der hier gefundene Systemzusammenhang garantierte die Wissenschaftlichkeit des Einzelnen. Darin illustrierte HAECKEL eine umfassende neue Theorie, die nun zur Grundvorstellung aller Ordnungszusammenhänge wurde und damit auch das Wissen neu bestimmte.[16] Es war die Evolutionslehre, die in der einfachen Fassung des 19. Jahrhunderts das Resultat der geschichtlichen Entwicklung das jeweils Bessere sein ließ und so die verlorene Ordnung der Dinge gerade in ihrer konsequenten Historisierung wieder neu zu finden schien.[17] Das Absolute der Theologen wurde durch die Historie der Biologen ersetzt. Die konsequente Naturhistorisierung setzte so – nach der Interpretation der damaligen Sozialdarwinisten und Eugeniker – die Kulturgeschichte in eine neue, durch sich selbst bestimmte Ordnung.[18] Die Folgen solcher Konzeptionen kennen wir; der daraus entspringende Biologismus liegt quer über dem 20. Jahrhundert. Die Tatsache, daß diese Querstellung nie aufgearbeitet wurde, ist wohl mit ein Grund dafür, daß wir seit einigen Jahren im Kontext von Ethik und Ästhetik wieder mit Positionen beschäftigt sind, die in der Bio-Historie und deren vermeintlichen Gesetzmäßigkeiten die Regeln auch für das Kulturelle zu entdecken glauben.

Richtig verstanden allerdings führt die Evolutionslehre – wie bereits dargelegt – in ein freies Feld. Es sind die jeweiligen Kombinationen des Gegebenen, das Auf und Ab eines durch kein Prinzip begleiteten Prozessierens, in dem sich die Geschichte der Natur schreibt. Das hier gewonnene System ist offen, es trägt die Dynamik des Unbestimmten in sich und konturiert von hier vorübergehende Ordnungen. Um die heutige Wissensordnung in ihre Wirklichkeit setzen zu können, muß diese Tatsache in aller Schärfe verinnerlicht werden.

Zu fragen ist nun, ob es über die bloß kritische Funktion einer Analyse der Wissensordnungen des 19. und 20. Jahrhunderts hinaus eine positive Folgerung gibt, die, aufbauend auf der Einsicht in die evolutionäre Offenheit von Systemen, nun auch den Geltungsbestimmungen des Wissens einen neuen und tragfähigen Rahmen zuweist.

Auszugehen ist hierbei von den negativen Befunden; mit ihnen läßt sich zum einen festhalten, daß die Objektivität des Wissens nicht durch eine Außenreferenz zu sichern ist, und zum anderen, daß damit auch die Naturwissenschaften keinen außerhistorischen, in sich bestimmten Bereich des Absoluten bewahren. Was bleibt uns aber dann? Die Sprachphilosophie des beginnenden 20. Jahrhundert verfolgte hier eine richtige, wenn auch zunächst nur zögerlich angelegte Fährte. Sie richtete sich nicht mehr darauf, *was* die Wissenschaften thematisierten, sondern *wie* sie es taten. Der Verzicht darauf, die Induktion selbst in den Blick zu nehmen und sich damit die gesamte Problematik eines erkenntnistheoretischen Ansatzes aufzuladen, machte diese Philosophie auch für die Wissenschaften interessant. Sie fühlten sich akzeptiert. Diese Philosophen ließen sie in ihren teilweise sehr heuristisch angelegten Versuchen, Erfahrungsdaten zu sammeln, in Ruhe, setzten sich dann aber mit dem auseinander, was die Wissenschaften mit diesen Daten aufzubauen suchten. Konkret heißt das: Die Sprachphilosophie nahm nicht die Aussagen der Wissenschaften über die Dinge, sondern die innere Konsistenz dieser Aussagen im Kontext der wissenschaftlichen Diskurse in den Blick. Die Geltungskriterien, welche die sprachphilosophisch ausgerichtete Wissenschaftstheorie erarbeitete, waren demnach Kriterien der inneren Übereinstimmung des wissenschaftlichen Aussagengefüges. Hier ist nun noch ein Schritt weiterzugehen und nicht nur die Darstellung von Information, sondern deren diskursinterne Repräsentation zu erarbeiten.

Interne Repräsentation   Im Konzept der internen Repräsentation wird eine Einstellung des Subjekts zunächst auf alle anderen dem Subjekt möglichen Einstellungen bezogen und von hier in seiner strukturellen Charakteristik bestimmt.[19] Bewertet wird eine Information demnach durch ihre relative Verortung im System des Wissens, wie sie durch die Positionierung der bisher erarbeiteten Einzelbestimmungen des Subjektes naheliegt. Dabei ist dieses Subjekt keine vereinzelte Größe, sondern ein weitgehend kulturell geformtes Gefüge, sind doch die Bestimmungen, in denen sich diese Zuordnungen ereignen, im wesentlichen sprachlich bestimmt oder doch sprachlich vermittelt. Dabei muß im Blick behalten werden, wie weit die sprachliche Bestimmung und damit die kulturelle Vororientierung über ein mögliches Wissen bis in den Bereich der Anschauung hineinreicht.

Gut faßlich wird dies etwa an einer differenzierten Darstellung unserer räumlichen Orientierung.[20] Diese setzt keineswegs mit einer objektiven Kennung der Außenwelt an, die wir dann mittels des Gehirns aus den Sinnesorganen abgreifen. Vielmehr wird bereits das Bild der Sinnesorgane durch ein Vorwissen über die Struktur des Raumes bestimmt. So sind alle Linien, die wir in unserer Netzhaut registrieren, krumme Linien. Die für unsere perspektivische Sicht so zentralen rechten Winkel »sehen« wir nicht; wir konstruieren sie, implementieren sie dann in unserer Sehbahn und interpretieren damit die uns erreichenden krummen Linen im Sinne dieser Vorkonstruktion. Auf diese Weise »sehen« wir dann rechte Winkel, betrachten jedoch tatsächlich eine Konstruktion, die wir mit den uns visuell erreichenden Daten so abgestimmt haben, daß sie uns den Eindruck einer in Winkeln gefügten Welt vermitteln. Diesen Eindruck vermitteln wir in unseren Konstruktionszeichnungen und Skizzen von räumlichen Gebilden weiter, nutzen ihn aber auch, um Raumeffekte zu verstärken oder zu verformen. Kurz, unsere Raumwelt ist nicht die objektive Kennung einer über die Sinne vermittelten Außenwelt, sondern eine kulturell vermittelte Form der Interpretation eines uns erreichenden Datengefüges.

Formate

Konstruktionen   Was heißt es dann, zu wissen? Oder anders gefragt: Inwieweit sind diese Raumkonstruktionen, die darauf bauenden mathematischen Verfahren und deren kulturell vermittelte Ansichten wahr? Ihre Wahrheit gewinnen diese Konstruktionen dadurch, daß wir uns durch sie in einem Handlungsraum bewegen, der es uns erlaubt, zielgerichtet zu agieren. Sie sind wahr, weil wir sie in unserer Kultur vermitteln und demnach auch andere zu Handlungen bewegen können, die wir im Rahmen dieser Konstruktion zu bewerten vermögen. Die erkenntnistheoretische Konsequenz bleibt hier außen vor; halten wir jedoch fest, daß mit dem Konzept einer subjektiven Informationsbewertung auch physikalisch zu arbeiten ist.[21] Konkret bedeutet dies, daß ich in einem entsprechenden System auf der Basis der ihm möglichen Kombinatorik einen Erwartungshorizont möglicher Ereignisse formulieren kann. Dabei ist gegebenenfalls sogar eine Wahrscheinlichkeit formulierbar, mit der sich an gewisse Ereignisfolgen weitere Folgen anschließen werden. »Ausreißer«, die den erwarteten Wert in Frage stellen, sind als Novitäten wahrnehmbar und werden als solche registriert, wenn sie in der Lage sind, sich dennoch irgendwie in das vorhandene Relationengefüge einzupassen. Auf diese Weise werden sie das Relationengefüge variieren. Schließlich wird das Einbringen eines neuen Knotens in ein Netz die relativen Verbindungen zwischen den bestehenden Knoten nicht verändern, die absoluten Distanzen zwischen diesen Knoten aber schon, da sie durch diesen zusammengezurrt werden. Man kann nun bestimmen, wo und wie sich das System verändert. Die Umordnung der Elemente dieses Systems läßt sich darstellen. Eben so sind auch Umordnungen des Wissens zu beschreiben.

Das Wissen ist in der Umorientierung durch den jeweils vorangehenden Zustand disponiert. Es entsteht geschichtlich. Die Schritte dieser Entwicklung sind darzustellen. Es ist zu erfassen, inwieweit sich darin die Komplexität des Systems erhöht bzw. inwieweit es in seinen Maschen sukzessive kleinteiliger wird. Tut es dies, gewinnt es an Auflösung.

Bestimmungen   Die Kriterien, mit denen ich den Wissensbestand eines solchen Systems bewerte, sind Resultat seiner Geschichte und insofern Eigenbestimmungen des Systems. In der Darstellung dieser Geschichte bildet sich eine neue Objektivität, die kulturell vermittelt, sprachlich verankert und damit intersubjektiv faßbar ist.[22]

Allerdings gelange ich in der innersprachlichen Bestimmung rasch an eine Grenze. Ist doch nur das sprachlich gefaßt, was ich begrifflich einfangen kann. Die Grenzen des sprachlichen Zugriffs, die Grammatologie meines Denkens bestimmen, wie ich die Welt strukturiere und meine Wahrnehmung organisiere.[23] Es ist die Sprache, die nunmehr die Wahrnehmungsmuster und die Geschichte der Wahrnehmungen innerhalb einer Kultur diktiert. Es sind die Begriffe, in denen sich nicht nur eine einzelne Bestimmung, sondern alles auf dieser Bestimmung Aufbauende abbildet und bündelt. Was sich den theologisch motivierten Jesuiten im 17. Jahrhundert als Brücke zur Wahrheit darstellte,[24] gerät in einer säkularisierten Sicht in die Krise. Es ist nicht mehr das Wort des Absoluten, die Grundanlage der Schöpfung, was sich in der Sprachordnung rekonstruieren läßt. Es ist die Engführung einer historisch erwachsenen Begrifflichkeit, die die Erfahrung kanalisiert. Deren Fluß wird so in seine Richtung gelenkt, in der eine neue Begrifflichkeit zur Geltung kommen kann, nur wenn sie mitschwimmt. Tut sie dies nicht, verliert sie schnell den Grund, mittels dessen sie sich gegen die Flut der anderen begrifflichen Bestimmungen zu halten vermochte. Es ist das Raster der sprachlichen Bestimmungen, deren Wechselwirkungen die Oberfläche bilden, auf der Eigenheiten der Kultur sich inszenieren können, wenn sie sich nicht gegen den Strom stellen. MICHEL FOUCAULT hat genau dies gemeint, als er von der Macht der Begriffe sprach.[25] Es ist die Versklavung des Denkens durch die mit historischem Ballast beschwerte Sprache, der sich FOUCAULT stellen wollte, als er die Formen der Disziplinierung einer Gesellschaft beschrieb, die zugleich in der das Denken knechtenden Sprache ihr Gegenstück fanden: Schließlich wird in ebendieser Sprache das Denken geschult, das sich *in* dieser Gesellschaft und so immer auch *mit* dieser Gesellschaft entwickelt. So findet sich das Denken im Fluß eines Diskurses wieder, dessen ungezügelte, in sich bestimmte Kraft den Einzelnen mitreißt und zu einem Moment im Gefüge sprachlicher Relationen zusammenpreßt.

Sprache und Praxis   Jedoch verkennt diese Kritik des sprachlich geleiteten Wissens die Praxis einer Kultur, die sich ja nicht im Sprachraum, in Erzählungen erschöpft, sondern sich selbst inszeniert und darin ins Leben setzt. Es sind diese Momente des Explizitmachens, diese Praxis eines sich erst nachträglich sprachlich beschreibenden Geschöpfes, die dieses aus dem Strom sprachlicher Bestimmungen herausführen. Dabei handelt es sich um Tätigkeiten, die nicht artikuliert sind und so zunächst sprachlich unbestimmt bleiben, aber dennoch in einer Kultur, und sei es nur lokal vermittelt, übernommen und angeeignet werden.[26] Es sind dies etwa die auf Stimmungen zielenden Interpretationen eines Pianisten, der Umgang mit Holz, den ein Lehrling bei einem Tischler erlernt, die Handgriffe des Arbeiters, in denen er innerhalb eines mechanischen Vorgangs zu erfassen hat, wie eine Feile zu halten und zu führen ist. Diese Praktiken sind nicht theoretisch zu vermitteln, sie sind einzuüben. Eine Kultur wird diese Praktiken dennoch beschreiben wollen, allerdings läuft sie mit ihren Beschreibungen den sich in ihren Traditionen weiterentwickelnden Praktiken hinterher. Dabei bietet das, was sprachlich explizit wird, wiederum für die Praxis eine Basis, auf der sie sich weiterentwickeln kann.

Nehmen wir die Arbeit einer Glashütte vor 1800, die aufgrund der Erfahrenheit des Hüttenmeisters mit den lokal verfügbaren Materialien und den seinerzeit verfügbaren Technologien ein Höchstmaß an Bearbeitungstechnik erlangt hat.[27] Leichte Veränderungen in der Farbe der Schmelze zeigten dem erfahrenen Meister, ob das Glas bearbeitungsfähig war. Er ergänzte die Schmelze möglicherweise durch Zufügung von Erden. Dabei war sein Handlungsspielraum eng an das ihm verfügbare Material gebunden. Wird er etwa durch politische Ereignisse, die ihn von seinen gewohnten Zulieferern trennen, dazu gezwungen, sein Verfahren umzustellen und andere Stoffe einzubinden, muß er deren Qualität vor dem Hintergrund seiner Erfahrung testen. Mißerfolge wird er durch neue Mischungsverhältnisse zu kompensieren versuchen; er wird dabei die von ihm diagnostizierten Phänomene interpretieren. Auf diese Weise gelangt er vielleicht zu einer neuen Zusammenstellung des von ihm verwendeten Materials. Damit hat er die zugesetzten Stoffe in neuer Form bestimmt. Möglicherweise führt das zum Versuch einer Analyse, die zeigt, welche Komponenten in der Zusammensetzung der von ihm vormals benutzten Erden für den Erfolg des Schmelzvorganges und der darauffolgenden Glasbearbeitung wesentlich waren. Ist ihm dieses Verhältnis deutlich, kann er in ganz anderer Form mit dem ihm zur Verfügung gestellten Material umgehen: er kann die ihm bekannten Verfahren weiterentwickeln, Neues probieren und so seine Praxis auf eine neue Basis stellen. Kennzeichnend für dieses praktische Tun ist ein Explorieren, das, von einem gesicherten Phänomenbereich ausgehend, versucht, weitere Handlungsvarianten zu finden, die auf ein vorhandenes, auch für den Bearbeiter selbst nur in Grenzen explizites Gefüge an Kenntnissen bezogen bleiben. Es sind bestimmte Materialreaktionen und daraus entsprungene Handlungsanweisungen, in denen er sein Material bearbeitet, ohne dabei die einzelnen Verfahrensschritte zu rationalisieren. Zumindest in der Phase des Erprobens neuer Handlungsformen sind diese auch noch nicht einfach in ein Expertensystem zu programmieren. Ein solches System steht vielleicht am Ende, nicht aber am Beginn einer derartigen Entwicklung. Dennoch ist auch dieses Handeln eine Form des Wissens. Nur ist dieses nicht in den Ordnungen der Sprache, sondern in Ordnungen des Handelns, so etwa in bestimmten Momenten von Körperlichkeit, gefaßt. Diese las-

sen sich nicht archivieren; die Eigenart ihrer Tradition erfordert
es vielmehr, daß sie sich als Praxis weitervermitteln.

Dies sind Momente, die nicht nur industriellen Verfahrensweisen oder dem Handwerk zu eigen sind. Es sind auch die
Traditionen des Labors, die sich nicht allein in Rezepturen,
sondern auch in den Formen des Umgangs mit den entsprechenden Rezepten fortschreiben. Wichtig für den Erhalt des
Wissensbestandes, der nicht nur das Resultat, sondern auch
die Genese der Resultate im Blick hat, ist, daß sich diese Praktiken weiterführen.

Embryonen der Taufliege *Drosophila*, die sich als Standardob-
jekt der entwicklungsbiologischen Forschung etabliert haben,
machen ganz bestimmte Präparationsschritte notwendig, die in
den Forschungsberichten nicht dokumentiert werden, sondern
nur im Labor selbst, manchmal nicht einmal von dem leitenden
Wissenschaftler, sondern von dessen technischen Mitarbeitern
zu erfahren sind. Brechen solche Vermittlungslinien ab, sind
zwar die publizierten Ergebnisse, die gegebenenfalls auch zu
Lehrbuchwissen werden, weiter verfügbar, die spezifischen ex-
plorativen Möglichkeiten der entsprechenden Forschung aber
gehen in dieses schriftlich fixierte Wissen nicht ein. Später sind
sie – wenn überhaupt – nur sehr mühsam zu rekonstruieren.

Versuche Die experimentelle Wissenschaftsgeschichte, die
mit ihren Methoden auf genau diese Praktiken zielt, hat damit
umzugehen, daß sie die Kontextinformationen, in denen seinerzeit Ergebnisse erarbeitet wurden, aufgrund deren bestimmte
Beschreibungen – etwa der Konstruktion einer Versuchsappa-
ratur – in der Forschungsgemeinschaft verständlich wurden, so
nicht mehr verfügbar hat.[28] Das Problem der Rekonstruktion
dieser vormaligen Handlungspraktiken liegt genau darin, daß

zu einem eingehenderen Verständnis der damalige Umgang mit den Geräten, die Beschreibungsformen und nicht eigens artikulierten Standards teilweise nur über den Vergleich von Konstruktionsbeschreibungen, eigene daran orientierte Rekonstruktionsversuche und etwaig vorhandene Gerätschaften zu eruieren sind. Das wesentliche Ergebnis sind dabei Unstimmigkeiten, die zwischen der versuchten Rekonstruktion, den seinerzeitigen Berichten und den noch erhaltenen Materialien aufgewiesen werden können. Dabei kann die Forschung mitunter nur beim Aufweis dieser Inkonsistenzen stehenbleiben und somit den Verlust einzelner Traditionen und deren Bedeutung für den damaligen Wissensbestand dokumentieren. Wenn auch dieses Ergebnis im Blick auf die Möglichkeiten einer historischen Rekonstruktion mitunter unbefriedigend bleibt, ist es doch hinsichtlich der Aussagen zu einer Qualifizierung des Wissensbestandes und seiner Entwicklung zentral. Zeigt es doch – gerade für die induktiv arbeitenden Wissenschaften – das Nebeneinander von theoretischen Aussagen und Handlungsformen und die Bedeutung ihrer Verzahnung auf. So wird auch mit der möglicherweise nur unzureichenden Rekonstruktion in bezug auf ein Verständnis der Wissenschaftsentwicklung ein ganz wesentliches Ergebnis erzielt: Die Lehrbuchwissenschaft und die in ihr dokumentierten Geltungsansprüche können vor dem Hintergrund einer entsprechenden Analyse der Handlungspraxis in neuer Form beurteilt werden.

In einem zweiten Schritt wird eine entsprechende Analyse strukturelle Bedingungen und ihre Bedeutung für die Exploration und Sicherung von Wissensbeständen ausweisen. Es ist ja keineswegs nur so, daß sich Laborkulturen und Geräte als Antwort auf eine besondere Frage entwickeln. Zwar stößt eine ganz bestimmte Problemstellung die entsprechenden Entwicklungen an. Schon die nächste Wissenschaftlergeneration aber wird diese Techniken nutzen, um ganz andere Fragen zu verfolgen, auch wenn sie durch die Techniken auf bestimmte Perspektiven beschränkt bleibt. Ein Institut mit seiner Infrastruktur ist nicht nur ein Spielraum für die darin arbeitenden Wissenschaftler, es setzt mit seiner Infrastruktur auch Bedingungen, in denen sich Wissensbildungsprozesse, getragen von dem in der Struktur fixierten Wissen, weiter formieren können.[29] Kurz, auch diese Strukturen tradieren Wissen. Die auf diese Weise fixierten Traditionen sind nicht mehr allein als ein sprachlicher Diskurs zu beschreiben. Dieser ereignet sich in den beschriebenen Strukturen und wird durch diese geformt, und nicht umgekehrt.

Wissensrepräsentationen   In der Frage nach der Repräsentation des Wissens geht es auch vor diesem Hintergrund nicht mehr nur um neue Zuordnungen, über die wir uns in dem heute verfügbaren Komplex der Daten und Konzepte zurechtfinden können. Es geht vielmehr darum, zu erfassen, inwieweit unser Wissen selbst in den strukturellen Bedingungen, in denen es sich etabliert, und bezogen auf die Vielfalt der verfügbaren und genutzten Strukturen und Praktiken immer schon eine Ordnung und mit dieser möglicherweise auch eine Systematik voraussetzt. Es liegt zunächst nahe, diese Wissensordnungen auf das Subjekt zurückzubeziehen, das in diesen Strukturen und mit diesen Verfahren operiert. Zu fragen wäre aber, ob vom Sprachdiskurs ausgehend ein umfassenderes Handlungs- und Reaktionsmodell entwickelt werden kann. Weiterhin wäre zu fragen, inwieweit sich dies neurobiologisch beschreiben ließe. Das mögliche Vokabular für einen solchen Typ von Fragen findet sich in der Mathematik; die auf diese Weise zu formulierenden Begriffe sind jedoch bereits durch die Logik der Philosophen vorgegeben. Will man wirklich weiterkommen, gilt es diese Ansätze zu vernetzen.

Bezogen auf die Perspektive der Neurowissenschaften ginge es dann also darum, wie neuronale Reizverrechnungsvorgänge organisiert und wie sie in einem Modell nachzustellen sind. Besonderes Interesse gewinnt hierbei das Gedächtnis.[30] Memorieren können wir nicht nur Begriffe, sondern ebenso auch Situationen und Manipulationen. Ein Instrument, das es ermöglicht, hier nicht nur einfach philosophische Reflexionen nachzustellen, sondern in einem Experiment zu erfassen, was es in diesem Zusammenhang bedeutet, von einer Ordnung des Wissens zu sprechen, fände sich in der Konstruktion eines Roboters, der nicht einfach auf Informationen reagiert, sondern es schafft, diese Informationen vor dem skizzierten umfassenden Hintergrund möglicher Erinnerungen zu bewerten.[31]

Denkbar wäre dabei, diesen Roboter mit einem Gedächtnis auszustatten, das es ihm erlaubt, eine bestimmte Situation mit vormaligen Situationen zu vergleichen, zu memorieren, was bei einer bestimmten Reaktion für ein Effekt erzielt wurde, um dann bei verschiedenen Erinnerungen zu prüfen, welche zu einer optimalen Lösung führten. Diese Strategie kann dann zum Erfolg führen, wenn es gelingt, diesem Roboter eine Art von Generalisierungsfunktion einzubauen, so daß er es schafft, ähnliche Situationen in sinnvoller Weise zueinander in Bezug zu setzen. Er wird dann gemäß seiner »Schätzung« entscheiden, ob zwei Reizfolgen einander entsprechen, und daraus die Konsequenzen ziehen. Hatte diese Zuordnung Erfolg, kann er diesen Bezug von Reizeingabe und Handlung seinerseits abspeichern und somit die Abschätzung von einander ähnlichen Reizgruppierungen erleichtern. Im Resultat ist dieses Vorgehen, das enorm viel Vorwissen erfordert und in vielem nicht sehr elegant wirkt, allerdings ziemlich unbefriedigend. Schließlich tritt ein auf diese Weise operierendes System auf der Stelle. Es orientiert sich an dem, was es schon weiß. Entsprechende Systeme wären damit vergleichsweise innovationsresistent.

Gestalten

Offene Systeme Wir müssen uns der Einsicht stellen, daß alle Daten, die wir aufnehmen, immer nur vorläufige Befunde sind. Das, was wir erfahren, ist in einem fortlaufenden Fluß. Wir bestimmen unsere Positionen dabei dadurch, daß wir das, was wir wissen, aufeinander beziehen. Nicht nur die einzelnen Sätze, die wir formulieren, sondern vor allem die Ordnungen, in denen wir sie finden, geben uns dabei die Sicherheit, in diesem immer nur vorläufigen Tun fortzufahren. In den Ordnungen, in denen wir unser Wissen bündeln, umreißen wir die Bereiche, in denen wir weiterzufragen haben. Wir können in diesem Gefüge zugleich bestimmte Problemkomplexe zur Seite legen, da sich die einzelnen Aussagen hier vernetzen, werden sie aber immer dann wieder zur Kenntnis nehmen müssen, wenn sie sich in einer Reorganisation unserer Bestimmungsgefüge neu ausrichten.

Wir operieren demnach in einem offenen Bestimmungssystem, das zwar Phasen der Stabilität und Zonen der Bestimmtheit kennt, aber keine absolute Ruhe und Sicherheit. Dennoch ist dieses zeitlich und in seinem Geltungsanspruch relative System das einzige, in dem wir uns verorten und anhand dessen wir unsere Geltungsbestimmungen und damit feststehende Kriterien für unser Wissen erarbeiten können.

Informationen kann man sammeln und dann in Memorialstrukturen wie der Bibliothek oder dem Internet abspeichern. Historische Befunde, wie sie uns die Sucharchitekturen des Internets und die von diesen abgeleiteten Instrumentarien digitaler Bibliotheken strukturieren, sind eine Art Sediment von Aussagen über Welt, die, in ein adäquates Ordnungsgefüge gebracht, diese Welt in zureichender, d. h. in einer für eine Handlungsoperationalisierung tragfähigen Weise abbilden.[32] Die klassische Forschung an künstlicher Intelligenz (KI) suchte genau diesen Gedanken zu einem umfassenden Verständnis von Wissensrepräsentation – und damit vom Aufbau kognitiver Systeme überhaupt – auszuweiten.[33] Wissen war demnach Anhäufung von Information. Die Idee war, in der Fülle der Daten eine Struktur zu finden, nach der diese geordnet und abgerufen werden konnten. Diese Idee scheiterte. Wissen ist etwas anderes als ein bloßes »Mehr« von Informationen.

Wenn Wissen als Abbildung der Welt im Ich gefaßt ist, Information also letztlich nur eine Bewertung der Einprägung von Welt im Bewußtsein darstellt, so ist dieses Wissen zu bemessen.[34] Gut ist – wie schon beschrieben – die Information, die eine Handlung bedingt, die in optimaler Weise die Einprägung der Welt in das Bewußtsein widerspiegelt. Information definiert sich dann als Einheit zur Evaluierung einer Handlungsanweisung: Wissen ist die Umschreibung einer solchen, die – in der rechten Weise eingesetzt – zu einem Handlungserfolg führen kann. Wissen wäre dann einfach, eine solche Funktion gefunden zu haben. Optimal hieße die Funktion, die die für eine Handlung geringstmöglichen Unkosten verursacht.

Nun lassen sich Maschinen konstruieren, die so funktionieren, wie wir uns auch die Arbeit unseres Gehirns vorstellen müssen. Ein solcher Computer orientiert sich in dem ihm zugänglichen Datenraum wie ein Sprachkundiger in einer ihm ebenfalls ihrer Struktur nach unbekannten Sprache – wie etwa den nur in wenigen archäologischen Funden vorliegenden minoischen Schrifttafeln. Diese Schrifttafeln erschienen als bloße Aneinanderreihung von Zeichen, aus denen noch nicht einmal zu erschließen war, welcher Sprachfamilie die in ihnen formulierten Sätze zuzuordnen waren. Man kann nun versuchen, einen solchen vorliegenden Text mit bekannten Arten von Textstrukturen zur Deckung zu bringen. Damit läßt sich eine Datenstruktur in eine geläufige Struktur von Sprache übersetzen; man kann dann, auch ohne zu wissen, was die Zeichen im einzelnen bedeuten, nach der größten Übereinstimmung der erschlossenen Strukturen des Textes mit Texturen anderer Sprachen suchen. Vorausgesetzt ist dabei aber, daß auf diese Weise nur bestimmte Datentypen eingelesen werden. Damit sind Randbedingungen vorgegeben, die alles weitere Vorgehen bestimmen.

All das kann auch eine Maschine. Eine solche Maschine muß nichts begreifen, sie muß allerdings den Ordnungszusammenhang der aufgenommenen Daten erfassen können. Mit diesem Gedanken, der direkt an die eingangs erläuterten Vorstellungen zur Funktion des Hirns anknüpft, läßt sich nun ein alternatives, neues, und nicht in der angedeuteten mittelalterlichen Tradition stehendes Wissensordnungssystem gewinnen.

Damit haben wir eine erste, noch recht technische Definition der Wissensorganisation herausgestellt, die zunächst von der sprachlich bestimmten Diskurssituation absieht und eine Vernetzung von Zuständen zum Maßstab nimmt, deren spezifische Bedingungen sowohl in Hinsicht auf sprachlich tradierte, handlungsbestimmte wie auch strukturell geleitete Dispositionen noch eingehender beschrieben werden können. Bezogen auf die Frage einer systemimmanenten Abbildung des so gewonnenen Wissens kann ich nun weiter rein technisch vorgehen und die Frage der Bewertung intern derart bestimmen, daß ich das Nebeneinander in eine hierarchische Schichtung von Vernetzungen auflöse, in der sich die bloß wechselseitige Bestimmung zugleich in einer Folge von komplexeren Zuständen aufreiht. Eine erste Hierarchisierung ist – wie oben gezeigt – schon durch die Zeit gewonnen, das heißt durch die in verschiedenen Zeitfenstern in das System eingeblendeten Abbildungen vormaliger Zustände. Die Sequenz, in der sich mögliche Zustände ereignen, gibt ein Bestimmungsverhältnis vor, das als Hierarchie deutbar ist.

Idealerweise wäre nun eine diese Architektur von Wechselbestimmungen abbildende Systematik so strukturiert, daß sich diese Komplexität in ihren Bestimmungsgefügen direkt ablesen ließe. Ein einfacheres Modell, das Optimierungen als sukzessive Adaptationen an eine vorgegebene Außenwelt deutet, ist demnach zu verwerfen. Optimal wäre es, ein solches System so aufzubauen, daß es in seiner Struktur den Aufbau der Welt reflektiert, die es abbildet. Vormalige Versuche zielten darauf, diese Idee in Form der Verweisstrukturen der Enzyklopädien umzusetzen. Deren Suchbegriffe erschlossen mit den in ihnen fixierten Begriffsfeldern die verfügbare Begriffswelt und strukturierten so das Wissen.

Relationen Technische Systeme versuchen unter der Vorgabe einer für ihre Funktionen zureichenden Welt ein System zu konstruieren, das diese Welt so abbildet, daß es möglich ist, jede Handlung als Funktion einer Veränderung in diesem Weltsystem darzustellen. So können mögliche Handlungen gleichsam im voraus optimiert werden. Etwaige Sensoren erlauben es, diese im Prinzip vorentworfene Handlung auf lokale Fluktuationen im Ereignisraum noch feiner einzustimmen.

In der klassischen Theorie neuronaler Netze wird so etwa eine Reihe möglicher Ortspunkte definiert, die der Greifarm eines Roboters ansteuern kann. Jeder dieser Punkte verfügt über eine Verbindung zu jedem anderen der durch diesen Arm zu erreichenden Ansteuerungspunkte. Die Zuordnung dieser Punkte kann nun einfach in den Funktionen gefunden werden, über die ein Greifarm von der Position a in die Position b gebracht wird. Diese Zuordnungen sind als Steuerungsfunktionen in der Architektur des Netzes implementiert. Dabei läßt es die Abbildung der möglichen Zuordnungsfunktionen zu, die optimale Funktion zu identifizieren, die eine solche Zuordnung erlaubt. Wissen wäre demnach Handlungswissen. Informationen bemessen sich in ihrer Bedeutung über die Optimierung, die sie für den Aufbau und den Erfolg von Handlungen erlauben.

Man kann nun noch einen Schritt in der Entwicklung dieses Roboters weitergehen und das System frei trainieren.[35] Das bedeutet, sämtliche Zustände des motorischen Raumes auszutesten, die den Transfer eines Objektes von a nach b ermöglichen und so alternative Bewegungsstrategien entwickeln. So muß der Roboter einen Ball ja nicht von a nach b schieben; er kann ihn auch durch einen gezielten Schlag von hier nach da befördern.

Wie ist es einem solchen technischen System nun möglich, auf diese Weise aus den festen Bahnen vorgegebener Handlungsanweisungen auszuscheren? Gibt es eine Möglichkeit, ein Programm derart offenzuhalten, daß ein technisches System nicht einfach nur eine vorgegebene Strategie optimiert, sondern zwischen Strategien wechselt? Hierzu muß es nicht nur das direkte Umfeld der von der Strategie mit angesprochenen Verhaltenmuster aktivieren, es muß vielmehr großräumig mehrere mögliche Vorgaben in einem System auf deren Variationsmöglichkeiten in ihrem Umfeld abstimmen und dann zwischen verschiedenen Aktivierungsbereichen innerhalb eines solchen Systems unterscheiden. Technisch bedeutet dies, daß verschiedene Aktivierungsmodalitäten in ihren lokalen Schwankungsbereichen auszutesten sind, um dann im Vergleich der verschiedenen Bereiche ein Optimum zu definieren. Voraussetzung ist demnach eine Unterscheidung von Hierarchieebenen, in denen solche Teilhandlungen bewertet werden. Gilt es doch, lokale Variationen in ihrer Schwankungsbreite darzustellen und dann global mit anderen lokal analysierten Schwankungen zu vergleichen. Ist die global gemessene Differenz signifikant größer als die lokal einstellbare Optimierung, wechselt das System die Strategie. Das System ist hier nicht vorgegeben, sondern wird in dem Zwischenspiel der reagierenden Elemente bestimmt. Es bleibt damit im Fluß, ist aber jeweils im Moment durch die Interaktionen seiner Elemente bestimmt.

Ein dies realisierendes Programm kann aber nicht mehr mit vorgegebenen Kategorien arbeiten. Es definiert sich Zuordnungsgefüge vielmehr jeweils in einer die momentanen Verrechnungsbahnen bewertenden Selbstanalyse. Das System optimiert sich in den ihm möglichen Ordnungszuständen, greift hierbei aber nicht in einer statistischen Analyse auf die ihm möglichen Verteilungen von Aktivierungszuständen zurück, sondern betrachtet die verschiedenen Zustände in ihrer lokalen Verteilung. Das bedeutet, daß in einer solchen Analyse die reale Distanz zweier Ereignisfolgen, gemessen über die Kopplungsschritte, die nötig sind, um zwei Ereignisse ineinander abzubilden, die Differenz der in ihr repräsentierten Zustände definiert.

Sehr schnell wird eine solche Analyse komplex. Schließlich sind auch die Wechselbeziehungen solcher Ereignisgruppen darzustellen. Allerdings garantiert die Einführung einer Distanzfunktion, über die die Abstände zwischen zwei jeweils zunächst nur lokal effektiven Ereignissen zu bemessen sind, eine Art von räumlicher Segregation von Ereignisfolgen.

Auf diese Weise wird ein Gefüge von Wirkzuordnungen aufgebaut, in denen sich Relationen definieren lassen. Diese Relationen bestimmen das relative Verhältnis möglicher Reaktionen des Systems zueinander. In ihnen sind damit die dem System möglichen Ereignisse definiert. Sie zeigen, inwieweit sich einzelne Ereignisse zu Reaktionsgruppen zusammenfassen lassen, inwieweit sie Ähnliches oder Fremdes bestimmen und welche Wirkung in der Verhaltenssteuerung sie damit hervorrufen.

Das heißt aber auch, daß sich in diesen komplex verzahnten Systemen nicht einfach ein Außenraum in einer 1:1-Abbildung abdrückt. Die Laboratorien der Neurobiologen MOSHE ABELES (*1936), WOLF SINGER (*1943) und FRANCESCO VARELA (1946-2001) haben gezeigt, daß diese Beobachtung nicht nur für technische Systeme gilt.[36] Auch unser Gehirn ist derart durch seine innere Dynamik bestimmt. Es liegt damit auch physiologisch nicht brach, solange es kein Außenreiz erreicht. Es befindet sich vielmehr in einer fortlaufenden inneren Spannung, in der es sich selbst erhält, in seinem Erregungsgefüge stimuliert und so in sich selbst bestimmt. Außenreize werden in diesen internen Kaskaden von Binnenbestimmungen überlagert und entsprechend den momentanen Stimmungsschwankungen des Binnensystems bewertet.[37]

Erkennen ist nicht einfach ein Wiederauffinden vorgegebener Erinnerungen. Die Konturen einer Reizeingabe sind vielmehr an die Binnencharakteristik des Systems gebunden, das wir Gehirn nennen. Diese wechselt, und entsprechend dynamisch muß auch die Funktion organisiert sein, die es uns erlaubt, in den wechselnden Binnenerregungsgefügen einzelne Reizmuster wiederzuerkennen. Zunächst gilt dabei: Die Ordnungsstrukturen des Systems, in denen sich die Binnenerregungen stimulieren und abgleichen, bestimmen dessen Verrechnungseigenheiten und damit die Bewertungsfunktionen des Systems.

Um dies darstellen zu können, wird der Begriff einer subjektiven Information als Bewertungsmaß für die Generierungsfunktionen eines solchen Systems eingeführt. Dabei gilt es, mit einem Konzept von Wissen umzugehen, das eine subjektive Information zum Maß seiner Bewertungen nimmt. In der damit geschaffenen Theorie der *Internen Repräsentation* lassen sich die Verrechnungseigenheiten eines im beschriebenen Sinne dynamisch organisierten Systems darstellen.[38] Dabei ist an dieser Stelle festzuhalten:

Wir haben kein Archiv des Wissens zur Verfügung. Wir müssen umgehen mit einer dynamischen und, wie wir sehen werden, komplex assoziativ arbeitenden Maschinerie. Da sich dies sogar technisch umsetzen läßt, können wir ausgehend von diesen Überlegungen versuchen, auch Wissen in einer neuen Form darzustellen.

Wissen ist evaluierte Information. Was aber kann in einer subjektiven Informationsverarbeitung das Maß für eine Evaluation bieten? Es wäre unzureichend, hier nach einer Übereinstimmung von Binnenreaktion und letztlich unbekannter Außenwelt zu suchen. Es würde voraussetzen, daß ein Gehirn schon immer kennt, was es noch sucht; es hätte ja im Außenraum das Bild, dessen es zur Orientierung bedarf. Da dem System jedoch nur seine interne Reaktion und nicht etwa ein unvermittelt in dieses Innen gesetztes Außen vorliegt, müssen wir davon absehen. Biologische Systeme zeichnen sich dadurch aus, daß sie explorieren, daß sie ein vorhandenes Terrain mit ihren Wahrnehmungsrastern durchstreifen, diese Raster in bestimmten Bereichen verfestigen und in Teilen variieren, um auf diese Weise eine Mitweltpassung ihrer internen Verrechnung mit den »objektiven« Außendaten zu erreichen.

Das Kriterium für ein Tier wie die Stubenfliege etwa ist dabei nicht, daß es weiß, wo genau es sich befindet. Kriterium ist, daß sie ihre Verhaltensfolgen so ausrichten kann, daß sie Handlungen vollzieht, die ihren Fortbestand zur Folge haben. Das ist etwas anderes als der Abgleich eines Binnensystems mit einem als objektiv erkannten Bereich von Außendaten.

Läßt sich dies in ein konkretes Modell interner Informationsverrechnung umsetzen? Die Antwort ist ja, das Konzept einfach. Man kann den Innenzustand des Systems bemessen, ohne um die objektiven Kennungen der Außenwelt zu wissen. Wir können Wissensfunktionen benennen. Dabei ermitteln wir einen momentanen Zustand des Systems im Blick auf mögliche weitere und beziehen die faktischen gemessenen Zustände auf dieses Gesamtsystem der Möglichkeiten. Aufgrund der Zuordnungen der jeweiligen Binnenzustände des Gehirns kann bestimmt werden, wie der cerebrale Erregungszustand zum nächsten Zeitpunkt aussehen könnte. Gegebenenfalls kann auch ein Wahrscheinlichkeitswert angegeben werden, mit dem dieser Zustand erreicht wird. Schert das System aus dieser Erwartung aus, habe ich eine interne Kennung für etwas Neues, Unerwartetes, die ich jedoch in dem Raum der Möglichkeiten ihrerseits verorten kann.[39]

Es läßt sich also, aufbauend auf diesen Bestimmungen und orientiert an den inneren Werten des Systems, eine Art von

»Wissensfunktion« definieren. Sie sagt aus, was ich von der Welt erwarte. Der Erwartungswert, den ich formuliere, erlaubt es mir zugleich, die Qualität meines Wissens zu bemessen. Viel interessanter ist aber, zu rekonstruieren, wie ich zu diesem komme: Schließlich formuliere ich einen Erwartungswert allein aus der Kenntnis der intern bestimmten Binnenstrukturierungsfunktionen. Das ist nun vergleichsweise abstrakt formuliert, läßt sich jedoch leicht konkretisieren:

Gestaltungen Es geht darum, Gestalten zu erfassen und nicht Archivsysteme über einen natürlichen Ordnungszusammenhang zu stülpen. Es ist nun möglich, die Beziehungen zwischen den Elementen eines Musters wie auch zwischen den Mustern einer übergreifenden Gestalt rein relational, ohne Vorgabe einer Metrik, zu erfassen. Auf diese Weise lassen sich komplexe Struktureigenheiten von Datensätzen erkennen. Und damit wird in Konsequenz eine nicht von einem Expertensystem vorstrukturierte Typenklassifikation möglich. Unserer Auffassung zufolge erlaubt diese relationale Kennung eine vollständige analytische Beschreibung dessen, was einer Menge von Mustern gemeinsam ist. Die Gestalt definiert sich demnach in einem mathematischen Verfahren über die Transformationen, in denen sich eine Reihe von Mustern wechselseitig ineinander überführbar erweist. Insoweit schlage ich, einem Ansatz von JÜRGEN JOST folgend,[40] eine relationale Fassung des Gestaltbegriffes vor, und zwar eine solche, die von der mathematischen Struktur der Transformations- oder Invarianzgruppe ausgeht. In dieser auch analytisch faßbaren Bestimmung sind ähnliche Muster klassifizierbar und in einer Hierarchie von Ähnlichkeitsbeziehungen darstellbar. Diese Idee führt zu einer neuen Auffassung einer Ordnung des Wissens.[41]

Es geht nicht einfach darum, Datenmuster zu erkennen, sondern ein vorgegebenes Datenset aufgrund ihm eigener Strukturmerkmale zu klassifizieren. Dabei hat die Maschine keinerlei Vorwissen über das sie erreichende Set von Daten. Das System klassifiziert die verschiedenen ihm eingelesenen Datenreihen vielmehr anhand der erarbeiteten relationalen Profile. Einem ersten Programmprototyp gelang es auf diese Weise, Fälschungen in altägyptischen Hieroglyphensentenzen aufzudecken.

Was mit diesem Zugang erreicht wird, sind dynamische Beschreibungen von Wissensordnungen. Diese sind gerade für ihrerseits dynamische, hochparallel organisierte Systeme – wie etwa das Internet – oder für komplexe Datenräume ohne klare Abgrenzungen interessant. Dabei geht es nicht darum, etwas im Raum des Bekannten wiederzuerkennen. Vielmehr wird ein unbekannter Raum strukturiert, in dem auch Neues erfaßt werden kann.

Mir scheint, daß diese Art von dynamischen Ordnungssystemen in der Lage ist, mit komplexen Systematisierungsaufgaben adäquat zurechtzukommen. Vielleicht stehen wir hier an einem wirklichen Neuanfang. Dabei ist der Anfang einfach: Er setzt gewissermaßen nur die Neuroanatomie des Gehirns um, die eben nicht hierarchisch, sondern dynamisch vernetzt ist. Dieser Ordnungstyp ist darüber hinaus nicht eingegrenzt auf sprachliche Repräsentationen, sondern läßt sich auf Erfahrungszustände insgesamt sowie die strukturellen Randbedingungen eines Verhaltenssystems ausweiten.

Demonstrationen (historische)

Holismen

Architekturen   Unsere Auffassung von der funktionellen Organisation des Gehirns wurde auf der Basis von Vorstellungen erarbeitet, die auf den Beginn des 19. Jahrhunderts, in ihrem Kern sogar auf noch ältere Vorstellungen zurückführen. Ihnen zufolge entsprach das Wissensgefüge einer Ordnung, die architektonisch abzubilden war: Jedes Ding, und damit auch jeder ein solches Ding repräsentierende Begriff, befand sich an einem bestimmten Platz. Die insoweit einsichtige Ordnung ließ sich zunächst dazu nutzen, sich über die Zuordnung von Begriffssystemen klarzuwerden; in zweiter Hinsicht zeigte sie sich direkt auf die Struktur des Gehirns übertragbar, was die Festschreibung solcher Konzepte zu erlauben schien.

Wissen ist nach dieser Auffassung organisiert wie die Datensätze einer Bibliothek. Noch heute arbeitet etwa die Universitätsbibliothek Padua mit einem *Manuel du libraire et de l'amateur des livres* von 1814. Dieses Handbuch orientierte sich am Ordnungsmuster der alten Enzyklopädien und versuchte von hier aus ein Ordnungssystem zu errichten, nach dem sich einzelne Monographien in der ganzen Vielfalt des Bestandes wiederfinden ließen. Es galt dabei ein Suchsystem zu finden, das in seiner Architektur die realen Bezüge der sich in ihr – in der Anordnung der Bücher – abbildenden Welt adäquat nachzuzeichnen erlaubt.

Die Idee einer optimalen Abbildung von Welt entstammt und begründet sich aus der kabbalistischen Tradition. GOTTFRIED WILHELM LEIBNIZ (1646-1716) ist einer der letzten großen Denker, die sich explizit in dieser Tradition verstanden.[1] Leibniz knüpfte an ein Konzept an, das sich in der jüdischen Philosophie herausgebildet hatte und bereits im 13. Jahrhundert operationalisiert wurde. Die spekulative Betrachtungsweise der Sprache wurde hier im Hinblick auf das Kalkül umgedeutet. Davon inspiriert entwickelte der Kleriker RAIMUNDUS LULLUS ein technisches Verfahren, das zunächst als eine Art Universalexpertensystem zur Unterstützung der Diskussion seiner Glaubensbrüder mit den arabischen Philosophen gedacht war.[2]

In einer weitgehend schriftfreien Kultur waren Memorierungstechniken, die es etwa einem Rhetor erlaubten, sich im Laufe einer Rede auch komplexe Sachzusammenhänge und Assoziationsfolgen verfügbar zu halten, essentiell.[3] Der Grundansatz dieser Technik war einfach. Es galt, sich eine innere Landschaft, eine Architektur, vorzustellen und diese nun sukzessive durch Vorstellungsinhalte, Begriffe und deren Umfeld zu beleben. Die konkreten Anweisungen führten dazu, daß ein Rhetor als eine solche Architektur etwa einen Tempel imaginierte. In dessen Nischen wurden bestimmte Bilder, die Begriffe und deren Bedeutungskontext darstellten, angeordnet. Die Erinnerungsleistung bestand nun darin, sich diese Landschaft bzw. Architektur vor das innere Auge zu bringen, sie zu durchschreiten und sich die imaginativ aufgereihten Bilder einzuprägen. Die auf diese Weise erinnerte Begriffswelt stand so in einem räumlichen Ordnungszusammenhang. Die Relation der Begriffe – ihr realer Abstand in der eingebildeten Architektur – benannte die Nähe oder Ferne einzelner begrifflicher Muster.

Vorgestellt wurde so eine Ordnung des Wissens. Gelang es, in der inneren Ordnung der Begriffe die reale Ordnung des Mundanen abzubilden, verfügte man über ein Erklärungsge-

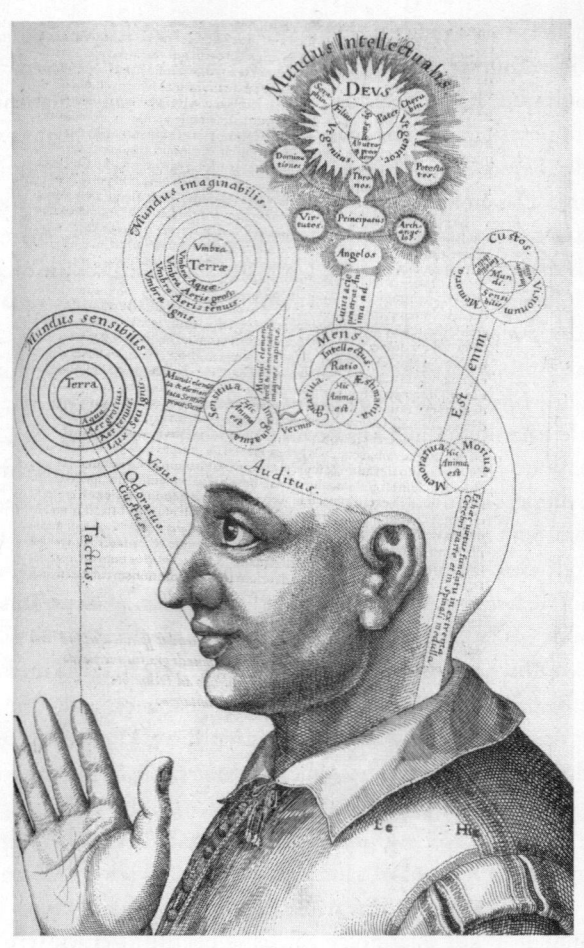

Abb. 2: Die Architektur des Kognitiven nach Robert Fludd. Aus: Robert Fludd, *Microcosmi historia. Tomus secundus de supernaturali, naturali, praeternaturali et contranaturali microcosmi historia in tractatus tres distributa,* Oppenheim 1619

füge der Welt. Für den Jesuiten ATHANASIUS KIRCHER (1602-1680) lag dieser Zusammenhang der Dinge nicht einfach vor oder konnte in einer spekulativen Philosophie erschlossen werden.[4] Für ihn fand sich die Wahrheit in der Ordnung der Begriffe selbst begründet. Diese Begriffsordnung war die Ordnung des Denkens, das sich in der Sprache nur artikulierte. Folglich stellte man sich auch die Organisation des Verstandes und die in ihm gefundene Ordnung des Wissens auf diese Weise vor. Das Wissen war in dieser Organisation verortet, worin wir die eingangs skizzierten Lokalisierungsvollzüge wiedererkennen. Der Verstand, das zeigt etwa ein Bild des Hermetikers ROBERT FLUDD (1574-1637) aus dem 17. Jahrhundert, war eingebunden in eine kognitive Architektur.[5]

Wie weit geht aber nun der Anspruch dieser Wissensordnungen? Einen Hinweis finden wir bei dem bereits zitierten KIRCHER. Seine 1669 vorgelegte *Ars magna sciendi* belegt, daß sein Ansatz den religiösen Denkmustern der vormaligen Kabbalisten entstammte.[6] Er versuchte, seine *Ars magna* als technische Operation zu beschreiben; damit entzog sich KIRCHER – das hat schon die philosophische Historiographie bemängelt[7] – allerdings seinen Begründungszusammenhang. Seine Theorie der *Kunst zu wissen* wurde damit zu einer Wissenstechnologie, und das macht sie für uns interessant. Dies nicht zuletzt deswegen, weil sich gerade nicht die damaligen philosophischen Begründungszusammenhänge, sondern Momente dieser Technologie in der Geschichte der Kognitionsforschung tradierten.

Künste KIRCHER zufolge gab es so etwas wie einen Grundsatz von Zeichen, auf den die Vielfalt der Begriffe zurückgeführt werden konnte.[8] Da alle Begriffe miteinander in einem Verhältnis stehen, ist es möglich, ihre natürliche Ordnung zu

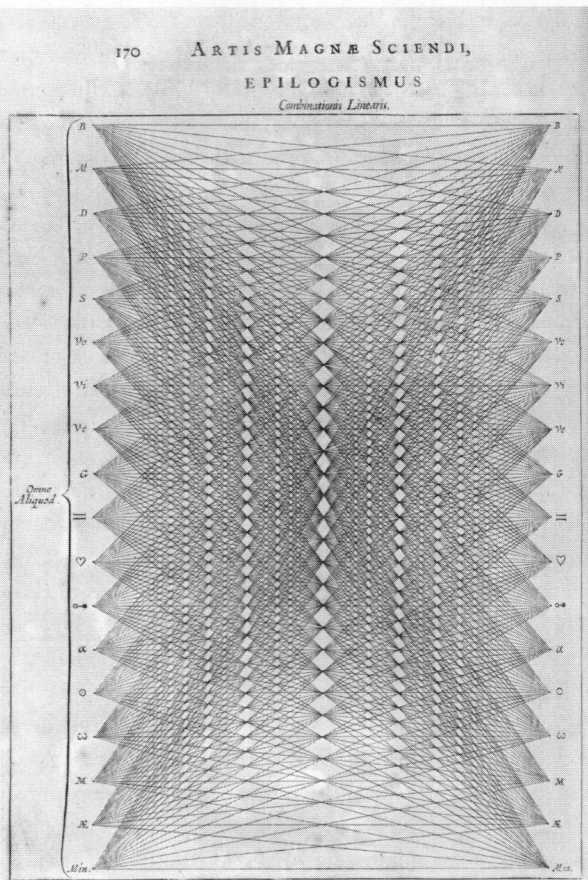

Abb. 3: Vernetzung der Denkbestimmungen nach Athanasius Kircher. Aus: Athanasius Kircher, *Ars magna sciendi. In XII libros digesta, qua nova et universali methodo per artificiosum combinationum contextum de omni re proposita plurimis et prope infinitis rationibus disputari, omni- umque summaria quaedam cognitio comparari potest*, Amsterdam 1669.

erkennen, wenn alle möglichen Beziehungen der Begriffe zueinander abgebildet sind.

In seiner *Ars magna sciendi* entwickelt Kircher einen technischen Schematismus zur Zuordnung aller uns möglichen Schlüsse. Ausgehend von einer theologischen Begründung der Dignität bestimmter Attribute legte er ein Schema hierarchischer Begriffszuordnungen an, über die Begriffsfelder zu klassifizieren waren. In einer Analyse der Relationen in den Begriffsbestimmungen dieser Felder erarbeitete er Muster für die Zuordnung von Begriffen. Daraus konnte er eine Wissenschaft von der Kombinatorik möglicher Aussagen entwickeln, auf deren Basis KIRCHER eine synthetische Wissenschaftslehre begründete, die auch nicht davor zurückschreckte, aus den ihm verfügbaren Begriffen eine Theologie zu synthetisieren.

In dieser Art einer rein operativen Analyse der Zuordnung von Begriffen wird etwas ausgewiesen, das der Zuordnungsstruktur einer modernen Suchbaumarchitektur entspricht. Greifbar wird hierin eine enzyklopädische Tradition, die wir für das beginnende 17. Jahrhundert in ALSTEDS (1588-1638) Enzyklopädie gebündelt finden, die um 1630 in Herborn in vier Bänden erschien.[9]

In dieser Enzyklopädie sind bereits die Idee des Suchbaumes und die einer Innenrepräsentation von Welt formuliert. Dabei basierten auch ALSTEDS Bewertungsmuster auf der Anwendung der alten, auch bei ihm schon technisch verstandenen Kombinatorik.[10] Er erarbeitete eine Schematik, die es ihm erlaubte, die Zuordnungen der von ihm ausgewiesenen Begriffswelten darzustellen. Sein Schematismus bildete die Folie für die folgenden Enzyklopädiekonzepte. Er wirkt nach bis auf die französischen *Encyclopédistes* und über diese ins 19. Jahrhundert – und zwar in die Konzepte einer Wissensorganisation, wie sie über den Philosophen und Biologen LORENZ OKEN (1779-1851) nach 1820 für die Organisation des Wissenschaftsdialoges zumindest im deutschen Sprachraum leitend wurde.[11] Diese Tradition des enzyklopädischen Wissens bestimmte den Aufbau der Sammlungen und Bibliotheken und über diese vermeintlich »rein« technischen Instrumentarien die Architekturen der modernen Wissensrepräsentationssysteme.[12]

Enzyklopädien   Auch die französischen Enzyklopädisten blieben in der Tradition, in der KIRCHER die Struktur dessen, »was zu wissen ist«, bestimmte.[13] Die in ihrer *Encyclopédie* gefundene Ordnung der Dinge folgte dem Muster der alten Suchfunktionen. Der Suchbaum lieferte weiter das Bild für eine sich in der Ordnung des Wissens darstellende Welt. Die Bibliotheken kodifizierten diese Vorstellung einer Wissensordnung. Sie prägten Anschauungsmuster, die bis zu den modernen Konzepten der Kognitionsforschung wirksam blieben.

Das in diese Ordnung eingebundene Wissen ist ein Wissen in festen Strukturen. Es begreift sich in einem vorgegebenen Ordnungszusammenhang. Genau dies bildet die Grenze dieser Konzeption. Die Relationsbestimmungen, in denen sich auf diese Weise ein Weltbild formt, können zwar zunehmen, bleiben aber Bestimmungen einer festgefügten Ordnung. Die Welt, die sich hier abbildet, ist nicht offen, die in ihr herrschenden Relationen umzeichnen kein dynamisches, sondern ein statisches System. Hier ist daher auch UMBERTO ECO zu widersprechen, der in dieser Kombinatorik eine Dynamik begrifflicher Bestimmungen festzumachen sucht, dabei aber nur die Genese einer starren Struktur begrifflicher Zuordnungen aufzuzeigen vermag.[14] Es muß aber interessieren, daß zur Explikation dieses letztlich als statisch gedachten Systems im 17. Jahrhundert Bilder und Vorstellungen verwendet wurden, die wir heute zur Darstellung dynamischer Situationen nutzen, etwa das Bild des Netzes.

Was war in diesen im Muster der Bibliotheken beschriebenen Ordnungszusammenhängen nun Information? Information war eine Zeile, ein Satz im Gesamtgefüge des Wissens, das seinerseits wiederum lediglich als Kombination dieser einzelnen Zeilen beschrieben wurde. Wissen bestand daraus, daß in einem Katalog des Informationsbestandes die für eine Frage relevante Zeile gefunden werden und, durch ihre Verortung im Gesamtsystem und die in ihr expliziten Verweise, auf ein Ganzes deuten konnte, in das sich diese Information einfügte. Daß wir Welt auf diese Weise als eine Reihe von In-Formationen, als Eindrücke des Außen in unseren reizverarbeitenden Apparat, begreifen können, war eine keineswegs neue Einsicht. Diese Vorstellung wurde schon vor 1800, d. h. lange vor der Zeit formuliert, in der wir zu einem einigermaßen klaren Bild über die physiologischen und funktionsmorphologischen Grundlagen unseres reizverarbeitenden Systems gekommen waren. Die vielleicht eindringlichste Vorstellung einer solchen als Eindruck präsenten Welt verdanken wir dem französischen Philosophen ÉTIENNE BONNOT DE CONDILLAC (1715-1780).[15]

Sensualisten CONDILLAC entwirft das Bild einer Statue, die mit Händen, Augen, einer Nase, Ohren und einem Mund versehen ist. In sie als reizaufnehmendes System können die Eigenschaften der Welt über die in den Sinnesorganen angelegten Kanäle Eingang finden. Die durch diese Kanäle geordnete Welt lagert sich gleichsam in das diesen Eingängen nachgeschaltete Material ein, verformt es und gelangt so im Inneren dieser Statue zu einer Reproduktion der Welt. Die Statue wird von der Welt buchstäblich be-eindruckt. Das sich im Inneren nach-formende Außen wandelt das Material in einer neuen Weise um; die Statue kann sich mittels der Eindrücke neu ausrichten und auf diese Weise in-formiert entsprechend dieser Welt ver-halten. Nach CONDILLAC wird sie durch den Eindruck der Welt zum Leben erweckt. Ihr Leben ist, diese Welt nach Maß-gabe des ihr Möglichen in sich abzubilden und so aus der Starre des nur in sich bestimmten Materials zur Resonanz einer Welt zu werden, deren Wandelbarkeit dieses Material selbst variiert und somit die Statue vielfältig reaktiv sein läßt.

Diese Vorstellung ist – zugegebenermaßen – primitiv. Be-schreibt sie das weltaufnehmende Subjekt doch lediglich als eine Art Spiegel. Dieser Spiegel ist aber nicht ein bloßer Wi-derhall des Außen; er existiert und gewinnt damit über die bloße Reflexion hinaus ein Eigenleben.

Die die Welt widerspiegelnde Statue selektiert aus der Viel-falt der sie erreichenden Eindrücke nach Maßgabe ihrer Kon-struktion. Die Sicht einer Welt wird so zu etwas Eigenem. Die Welt trifft nicht auf eine *Tabula rasa*, sondern auf ein schon Vorgeformtes; das Material lagert eine neue Eingabe in etwas ein, das bereits ein Bild der Welt in sich trägt. Damit ist diese Statue schließlich mehr als ein Spiegel, sie gewinnt ein Ge-dächtnis. Über dieses bewertet sie die sie erreichenden Infor-mationen.

Dieses Bild zeigt uns in seiner ganzen Einfachheit, was es bedeutet, ein informationsaufnehmendes System zu sein. Das, was in der Resonanz eine Wiedergabe erfährt, ist die der Statue verfügbare Welt. Was sich in der Statue selbst ereignet, ist da »richtig«, wo die als Eindruck empfangene Welt auf ein ihr schon vorgegebenes Bild dieser Welt trifft. Information als Einprägung muß sich nach der qualitativen Güte dieser Entsprechung bemessen lassen. In der Quantifizierung dieser Passung wird es möglich, die Reaktionen des Systems auf die wiedergegebene Welt auf dieses Vorbild zurückzurechnen. Ein System, das diese Rückrechnung ohne Brüche schafft, kann dieser Entsprechung Objektivität zuschreiben. Jede nicht eingehender darstellbare Verzerrung wäre eine innere, nicht direkt auf ein Außen zu beziehende Reaktion und damit Dokument des Subjekts. Solange es nicht möglich ist, die Mechanik dieser Verzerrung aufzuweisen und damit die Rechenformel zu finden, die es erlaubt, diese Repräsentation im Subjekt als Welteigenschaft zu kennzeichnen, bleibt die Abbildung unbestimmt. Mit diesem Modell sind bereits die wesentlichen Ideen und Probleme eines informationsverarbeitenden Systems à la SHANNON aufgezeigt.

Weiß diese als informationsaufnehmendes System gekennzeichnete Statue nun um die Welt? Um diese Frage zu beantworten, müssen wir CONDILLACS Bild erweitern. Die Statue wird nun zu einem System, das aus seinen Informationen etwas konturieren kann, was nicht es selbst ist. Dies gelingt ihm, wenn es ein Verfahren entwickelt, seine momentanen inneren Reaktionen als Weltabbildungsreaktionen zu beschreiben. Das ist nicht so einfach, muß es hierzu doch wissen, wie es die es erreichenden Eindrücke umformt. Es muß also Aussagen gewonnen haben, die die Eigenarten seines Repräsentierens qualifizieren. Nur so sind für das System die Informationen als Ausdruck einer Welt und nicht nur als Eindruck in sein Material zu beschreiben.

Es reicht also für die Statue nicht, informiert zu werden, sie muß bereits – wie oben angedeutet – über die Eigenarten ihres Materials, in das sich die Welt eindrückt, »informiert« sein. Will sie ihre Informationen als Welt beschreiben, muß sie also

Informationen über ihr Informiert-Sein besitzen. Diese Widerspiegelung des Informiert-Seins in sich selbst oder *Reflexion der Repräsentation*, in der sich die Gesetzmäßigkeiten des Informierens und darüber die Eigenheiten des Informierenden nachzeichnen lassen, nennen wir Wissen.

Wertungen   Um die Welt wissen heißt also, Bewertungsfunktionen angeben zu können, in denen die Informationen des reizverarbeitenden Materials in ihrer Materialeigenart beschrieben werden, um so aus dem Gesamtkomplex der aufgezeichneten Reaktionen das herauslösen zu können, was eben nicht Eigenheit des Materials, sondern der Eindruck der Welt ist.

Diese Idee können wir nun weiterspinnen, um uns damit an die eigentlich interessierende Frage heranzutasten. Was bedeutet es, wenn wir eine Kultur beschreiben, die sich auf Informationen gründet? Kann diese Kultur bei der einfachen Vorstellung, in sich die Welt widerzuspiegeln, Objektivität sichern? Tut sie dies, macht sie sich zum alleinigen Maßstab, an dem die Natur gemessen wird. Damit löst sie sich aber von dieser Natur, auf deren Boden sie aufzubauen sucht. Sie muß also eine Technik entwickeln, in der sich die Eigenarten der Natur fassen lassen. Schließlich formiert die Kultur ihr Naturbild nach ihren Möglichkeiten und bestimmt damit die Natur als das, was diese für sie ist.[16] Auf diese Weise gewinnt sie Wissen. Das Bild der Natur ist das Abbild dieses unseres Natur-Wissens. Wissen – das zeigt sich hier – ist eben mehr als Information. Und kognitive Systeme sind nicht einfach Information akkumulierende Gegebenheiten.

Die Information ist mir also nicht als solche sicher, sondern nur dann, wenn ich ihren Status reflektiert und sie in ihrer Geltung selbst begründet habe. Um dies zu erreichen, habe ich prinzipiell zwei Möglichkeiten.

A) Ich baue die Informationen soweit aus, daß sich die Repräsentation der Welt als ein Modell beschreiben läßt, das ich gewissermaßen neben die in ihm abgebildete Welt stellen kann. Das Ideal besteht in einem vollständigen Weltmodell, das sich in der Totalität seiner Übereinstimmungen als eine adäquate, in sich schlüssige und damit in allen Details gültige Repräsentation von Welt darstellt. Habe ich diese Gegenwelt erst einmal konstruiert, kann ich sicher sein, in meinen Repräsentationen die Welt selbst abzubilden. Daß diese Idee paradox ist, weil ich, um eine solche Gegenwelt schaffen zu können, etwas Neues ins Spiel bringen muß, das mir die Welt ersetzt, ist einsichtig. Sind doch die einzelnen Daten, mit denen ich diese Konstruktion eröffne, nicht schlicht objektiv (die Welt ist mir zunächst ja noch verschlossen). Dies mag spitzfindig erscheinen. Schließlich könnte ich die Welt ja in sich selbst repräsentieren und wie in einem interaktiven System eine Informationstechnologie errichten, die die Welt umspannt, vermißt und dabei zugleich um dieses Netzwerk an Informationen bereichert. Denn wie auch der Spiegel nur in seiner physikalischen Vorhandenheit, nicht aber in den Details der in ihm reflektierten Bilder seine Existenz hat, kann sich doch die Welt in sich spiegeln und auf diese Weise – etwa in unserem Gehirn – eine Physik initiieren, in der jedes mögliche Bild der Welt seine Abbildung findet, ohne doch diese Mechanik selbst zu stören. Das Abbild existiert in diesem Hirn nur als Reflex der Welt, die wirklich da ist, und hat selbst keine eigene Kontur. Was ich aber im Abbild sehe, hängt damit zusammen, wie dieser innere Spiegel konstruiert ist. Stehen in ihm die Dinge auf dem Kopf oder weiß ich mit dem, was ich in diesem Spiegel erkenne, immer schon, wie sich die Dinge der Welt verhalten? Der Versuch, Sicherheit in der Abbildung zu finden, die dann als absolut genommen wird, bleibt also im ungewissen. Das Einzelne ist mir nur im Bezug auf das Ganze sicher. Doch baut das Ganze auf den Einzelnen auf. Hier beißt sich das Begründungsgefüge selbst. Ich muß also – um weiterzukommen – entweder das Ganze voraussetzen oder das Einzelne für objektiv nehmen. Nur habe ich dann etwas vorausgesetzt, nicht aber begründet.

B) Sicher sein kann mir dieses Einzelne nur im Verweis auf die Gesamtheit der verfügbaren Bilder von der Natur, in die es sich einpaßt. Natur wäre dann – und das wäre die zweite Möglichkeit – ein Wissen um die möglichen Spuren, die sie im Subjekt hinterläßt, und Wissen also der Versuch einer gigantischen Informationsakkumulation. Gesammelt würden die Kenntnisse und Spuren von Eindrücken, die miteinander vermittelt wären. In den verschiedenen Handlungen würde insofern immer erneut ausgetestet, was da in der Welt der Fall ist.

In-Formierungen

Informationstheorien   Das klassische Konzept einer Informationstheorie, wie es von CLAUDE E. SHANNON (1916-2001) und WARREN WEAVER (1894-1978) formuliert wurde, geht – wie skizziert – von bekannten Nachrichten aus, die übertragen werden.[17] Die Bewertung der qualitativen Güte einer solchen Übertragung erfolgt durch einen Vergleich der Strukturen vor und nach der Signalübertragung. Dabei kann zweierlei erreicht werden. 1) Die notwendige Information über die Datenstruktur, die übertragen werden soll, kann für ein bestimmtes Übertragungssystem und bestimmte zu übertragende Informationen optimiert werden. 2) Fehlfunktionen im Übertragungsmechanismus können durch den Vergleich gewonnener Übertragungsresultate und möglicher Informationswerte korrigiert werden.

Damit wird ein Bewertungs- und Vorstellungsinstrumentarium gewonnen, in dem das Konzept einer Zuordnung von Innen und Außen und gegebenenfalls auch einer Strukturierung des Innen nach Maßgabe des Außen plausibel erscheint. Notwendig ist allerdings ein Korrektor, eine Art Zensor, der bewertet, inwieweit die Wiedergabe des Außen im Innen korrekt ist. Dieser Zensor muß nun aber schon um das wissen, was er da bewertet. Er tritt demnach auf der Stelle. Wurde ihm nichts Neues offenbart, verbleibt er in dem ihm Bekannten.

Es gibt daher im Gehirn auch keinen allwissenden Zensor, der in der Impulsfolge der Neurone erkennt, was sich in ihr codiert. Dieses Organ hat seine Bewertungsfunktionen nicht in bezug auf ein a priori etabliertes Wissen, ein schon vor jeder Erfahrung verfügbares Lexikon gefunden, sondern in bezug auf seine interne, in der jeweiligen Lebensgeschichte entwickelte funktionelle Organisation.

Die Welt in der schon beschriebenen barocken Tradition, in der auch ein Philosoph wie Leibniz stand, war objektiv, weil sie eine Schöpfung war, in der sich der Schöpfer und damit der absolute Maßstab aller Existenz zu erkennen gab.[18] Diese vom Schöpfer geformte Welt war demnach nie falsch, sie war immer die beste aller möglichen Welten. War sie doch die *In-Formatio* dieses Schöpfers selbst, der sich in ihr ein Gepräge gab. Das Subjekt, der Mikrokosmos, das sich in den Makrokosmos der Welt zurückband, befand sich als Teil dieser Welt selbst immer schon im Bereich des Objektiven.[19] Es konnte sich so seiner selbst auch in den Darstellungen der Welt sicher sein. Beide, Welt als Objekt und Welt als Subjekt, waren im absoluten Maßstab Gott gegründet. In der christlichen Vorstellung war der die Welt in ihrem inneren Sinn abbildende Mensch noch weiter ausgezeichnet: war er doch die Existenz, in der Gott selbst – als Christus – in die Welt trat. Entsprechend war er in ganz besonderer Weise Abbild dieses Absoluten. Nach seinem Bild – dem Bild Gottes – geschaffen, konnte er sich seiner Welt sicher sein.[20]

Das Subjekt war in dieser Vorstellung Kondensat und Kulminat der sich auf Gott zubewegenden Welt des Möglichen. Mit Christus war der Mensch selbst zum Maßstab der Welt geworden, die in ihm zu Gott und damit in ihre letzte Identität fand. Die Erlösung des Menschen im Kreuzestod Christi entsprach demnach nicht einfach der Erlösung einer in diese gottferne Welt geworfene Existenz. In Christus war die Welt selbst wieder in Gott zurückgeführt. Der Sündenfall, der den Menschen mitsamt dem in ihm repräsentierten Kosmos aus Gott herausgesetzt hatte, war überwunden; auch mit seinem Wissen war der Mensch damit wieder im Absoluten gegründet.[21]

Die Mystik des Mittelalters entwickelte aus dieser Idee das Konzept einer Zuordnung des Mundanen auf den Menschen. Die Welt wurde zum Gleichnis, zu einer auf den Menschen hin geschaffenen Offenbarung.[22] Die Botschaft des »Mache dir die Welt untertan« geriet so im Wissen um die Erlösung der Welt durch Christus zu einer Formel, in der deutlich wurde, daß das Weltwissen als In-Formation Gottes absolut war.

Diese Idee mußte mit der Säkularisierung des Wissens, mit der Erkenntnis also, daß der Mensch auf sich und somit seine Information als bloß subjektive Aufnahme der Welt, die sich nun nicht mehr in die Transzendenz einer Weltseele zurückband, gestellt war, zerschellen. In-Formation war damit kein rückläufiger Akt mehr, in dem der Wissende auf das Absolute, auf eine ihn und die Welt begründende höhere Instanz, verweisen konnte.

Das Resultat dieser Selbstfindung war eine keineswegs einfache Selbstbescheidung. Der nur auf sich verwiesene Mensch konnte sich seines Wissens nicht mehr sicher sein. Wie dargestellt, mußte er herausfinden, wie er als Einzelner sich in dieser Welt verhalten konnte.[23] Sobald er erkannte, daß er im evolutionären Prozeß der Natur entstanden war, konnte sich dieser Mensch jedoch wenigstens seiner Natur sicher sein. Sein Wissen war nun da zu lokalisieren, wo es als Reflex dieser scheinbar objektiven Welt zur Geltung kam.[24] Es war nicht mehr als Welt selbst, sondern als ihre Abbildung zu begreifen, als eine durch das andere, das Objektive hervorgerufene, jedoch in sich unproblematische Spiegelung. Problematisch ist allein, *daß* dieses Bild nach Maßgabe der Organisation des reflektierenden Subjekts gestaltet ist.[25]

Nun gibt dieses Bild aber eben nicht die Welt, sondern eine innere Reaktion des wahrnehmenden Subjekts. Diese Reaktion ist gleichwohl durch die Welt strukturiert. Sie beherbergt eine Spur, auch wenn diese sich nur nach den jeweiligen Möglichkeiten des Mediums aufgreifen und erhalten läßt. Diese Spur kann nun aber nicht einfach neben die Welt gesetzt werden; sie muß sich erneut einem Vergleich mit der Welt aussetzen. Findet sich etwas, worin sich Spur und Welt vergleichen lassen, kann man feststellen, welcher Moment der Welt sich in diesem Reflex verfestigt hat. Dazu aber müßte ich bereits wissen, wie die Welt verfaßt ist, deren Spuren ich ausdeute.

Um hier weiterzukommen, muß ich mich mit den spezifischen Qualitäten des Mediums befassen, in dem sich der beschriebene Abdruck zur Geltung bringt. Das bedeutet, daß ich um mich selbst wissen muß, um Sicherheit darüber zu erlangen, was als Eigenart meiner selbst (des Mediums) und was als Eigenart der Welt zu interpretieren ist. Gibt es dafür einen Mechanismus oder ein Prinzip, von dem her die Zuordnung von Reflex und Welt problemfrei zu sichern ist?

Szenarien Philosophen wie DANIEL DENNETT (*1942) fanden hierfür eine einfache Lösung.[26] War doch dieser Mensch selbst mitsamt seinen kognitiven Leistungen Produkt der Evolution. Sein Abbilden der Welt war insofern selbst ein Abbild der Welt, da es ein Resultat der Evolution darstellte, die seinen kognitiven Apparat entstehen ließ. Vermittelt über die Evolution ist so in der internen Organisation des Kognitiven die Welt ganz bei sich.[27] Das so gewonnene Bild von Objektivität zurrt demnach den Knoten der Selbstversicherung viel enger. Die Welt, in der wir uns objektiv finden dürfen, ist die Welt, in der wir entstanden sind.

Diese Idee hat nur einen Haken: Was wissen wir von der Welt anderes, als das, was wir als Bild von ihr mit uns tragen? Die Antworten auf diese Frage haben wir zu prüfen. Die erste Konsequenz, daß diese Form der Objektivität nur in einer Analyse des Subjekts als objektiv zu kennzeichnen ist, führt uns jedoch bereits zu einer nuancierten Definition des Wissens.

Wissen ist Reflexion der Information. Wissen ist das Wissen darum, was uns eine Information bedeutet. Das besagt, daß Wissen sich auf die Abbildungen der Information im Subjekt bezieht. Die Information ist somit nur vermittelt über die Reaktionen des Subjektes präsent. Also müssen wir das Subjekt kennen, um herauszufinden, was an diesem Weltbild zugleich auf ein außer dem Subjekt Stehendes verweist.

Diese Idee nun einfach systematisch anzugehen, verbietet uns unsere Geschichte, die gezeigt hat, daß es mit der Idee einer

Weltweisheit dieses Subjekts so seine Schwierigkeiten hat. Spätestens seit KANT sind wir uns in unseren Urteilen keineswegs mehr so sicher. Worauf wir in ihnen verweisen, sind zunächst wir selbst. Wenn es sich jedoch so verhält, können wir die alte Idee einer Repräsentation der Welt im Wissen nur in gewandelter Form aufrechterhalten. Was wir als ein Bild der Welt in uns tragen, ist – so die zu erläuternde These – nur ein Bild unserer selbst. Das Konzept der Repräsentation ist demnach gegenüber der einfachen Sicht einer Informationsoptimierung zu überdenken. Information wird jetzt zu einer komplexen Funktion von Welt und Subjekt, die wir zu entwirren haben, um zu erkennen, was wir in unseren Repräsentationen dieser Welt wirklich beschreiben.

Wissenstableaus Dies führt zu einem erweiterten Konzept des Wissens. Es beschreibt das Wissen als etwas, das mehr ist als Information, als etwas, in dem die Information erst zu ihrer Objektivität gelangt. Die zweite, bereits angedeutete These lautet daher: Das Bild der Welt in unseren Wissensrepräsentationen ist nicht einfach ein Reflex des Außen, sondern zunächst eine Funktion des Innen. Um diese Funktion nachzeichnen zu können, müssen wir das Instrumentarium, mit dem wir Informationen beschreiben, eingehender sichern. Bei dieser Sicherung handelt es sich – so die dritte These – zunächst um eine kritisch-historische Analyse. In ihr werden die derzeitigen Begriffe und die durch sie aufgerissenen Konzepte in ihrer Genese nachgezeichnet. Es gilt darzulegen, welche Momente geschichtlich entwickelt werden, welche Traditionen sich – möglicherweise verdeckt – in unseren Diskussionen widerspiegeln und welche Anleihen die verschiedenen auf diese Weise darstellbaren Traditionen voneinander nehmen.

Wie bereits skizziert, zeigt eine eingehendere Analyse der internen Organisation auch der technischen Verfahren, in denen wir heute Wissensrepräsentationen beschreiben, daß die darin genutzten Operationen auf Traditionen der Topik des 16. und 17. Jahrhunderts verweisen.[28] Unsere Vorstellung von einer Architektur des Wissens und den daraus abgeleiteten Organisationsformen des Kognitiven sowie seiner experimentellen Decodierung steht demnach in Traditionen, die vor der Etablierung der modernen Auffassungen von Funktion und Aufbau des Gehirns und den daraus abgeleiteten philosophischen und anthropologischen Konsequenzen stehen.[29] Dabei berühren diese Vorstellungen nicht nur physiologische Konzepte im engeren Sinne, sondern strahlen – schon bedingt durch die komplexe Rezeptionsgeschichte von Neurowissenschaften, Psychologie und den Konzepten des Wissens – weit aus in die Bereiche der Logik, Grammatik und Semantik.

Was bedeutet in einem solchen Ansatz dann aber noch der Begriff der Repräsentation?[30] Das repräsentierende System zeigt sich weitgehend durch seine Binnenreaktionen bestimmt. Es ist nun zu ermitteln, wie diese Binnenreaktion durch die das System konstituierenden Einzelelemente, d. h. durch die Systemtopologie, bestimmt wird.

Gezielt wird damit auf eine konsequent relationale Syntax, d. h. auf eine Relationsbestimmung, in der die Entitäten als Binnenreaktionseinheiten nicht in vorgegebenen Systemarchitekturen, sondern in ihrem Bezug aufeinander zu positionieren sind. Die Physik kennt solche offenen Systeme etwa in der Darstellung von Lawineneffekten, in denen sich die Bezüge der einzelnen Werte zueinander von einem Zeitpunkt zum nächsten verändern. Interessant sind dabei vor allem die Systeme, in denen die Relationen zwischen zwei Werten dadurch verändert werden können, daß ein neuer Wert eingelesen wird. Im Gegensatz zu einem in einem festen Rahmen positionierten Gefüge von Einzelbestimmungen bedeutet dies, daß sich die relativen Abstände der einzelnen Werte zueinander immer wieder neu bestimmen. Ist kein Raster vorgegeben, in das die neue Relation eingelagert wird, definieren die Relationen selbst das Raster, in dem sich die relational gefaßten Entitäten bestimmen. Das Hinzufügen einer Relation verschiebt demnach das vorhandene Gefüge und positioniert eine Entität in neuer Weise zu ihrem Umfeld. In dieser Dynamik bleibt nur die relative Position einer Bestimmtheit zu einer zweiten erhalten; die absolute Position der einzelnen Faktoren zueinander wird kontinuierlich verändert. Dieses Charakteristikum ist kennzeichnend sowohl für eine relationale Syntax wie für offene dynamische Systeme.[31]

Die Vernetzungen des Wissens können sich demnach auch nicht in den alten Wissensstammbäumen darstellen.[32] Wir müssen lernen, mit der Dynamik der Wissensinhalte umzugehen und möglichst viel dieser Dynamik auch in den Vorstellungsbildern festzuhalten, die wir dann technisch umzusetzen suchen.

Wissen ist nun aber keine abstrakte Größe, die allein mittels der Operationalität einer Verrechnungsmaschinerie zu beschreiben wäre. Wissen hat seine Geschichte, als die Erfahrungsgeschichte eines Subjektes und als die Geschichte eines Erfahrungszusammenhanges, in den das einzelne Subjekt hineinwächst und den es rezipiert. Dieser Erfahrungszusammenhang ist die Kultur, in der sich das Wissen als die Instanz formiert, die eine dieser gesammelten Erfahrung verfügbar gemachte Information zu verarbeiten erlaubt.

In der Informationstheorie, aber auch in der Systemtheorie, wird das Gewebe des Gehirns als ein komplexer Schaltkreis verstanden.[33] Zur Charakterisierung seiner Funktionen galt es Bewertungsfunktionen zu finden, die es erlaubten, die Verrechnungseigenheiten des Hirngewebes abzubilden.

Störungen Wie bereits angedeutet, sollte in den zwanziger Jahren RALPH V. L. HARTLEY (1888-1970) für die Firma Bell ein Maß zur Bestimmung des Informationsgehalts einer durch Kabel oder über Radiowellen übermittelten Nachricht finden,[34] um so eine optimale Nutzung der vorhandenen Kommunikationstechnologien zu ermöglichen. Um zu einer quantifizierbaren Beschreibung dieses Prozesses zu gelangen, reduzierte HARTLEY sein Bild von der Informationsübermittlung auf einen einfachen Transfer von Symbolen zwischen einem Sender und einem Empfänger. Auf diese Weise gewann er ein Maß für die Information, dessen Bestimmung 1948 von SHANNON so erweitert wurde, daß auch Informationsverluste auf Grund von Störungen beschrieben werden konnten.[35] Den entsprechenden Formalismus adaptierten die Neurowissenschaftler; er wurde zur Grundlage der Beschreibung der Verrechnungseigenheiten des Hirngewebes.[36] Nun ergab sich aber eine Schwierigkeit. Die Informationsübertragungseigenschaften eines Systems werden diesem Theorieansatz zufolge in einem Vergleich von Eingabe und Ausgabe bewertet. Die Güte der Transformations- und Transporteigenschaften ermittelt ein externer Beobachter, der die – objektive – Situation der Eingabe kennt. Wie schon betont, befindet sich aber im Gehirn kein solcher Beobachter. Das Hirngewebe ›schaut‹ nur in sich selbst. Was wir zu einer adäquaten Bewertung der Verrechungseigenheiten des Gehirns brauchen, ist das Konzept einer inneren Repräsentation der hirneigenen Bewertungsfunktion für eine Reizeingabe. Erstmals erkannt hat dies ERNST PFAFFELHUBER,[37] der daraufhin den Begriff einer *subjektiven Information* einführte. GÜNTHER PALM ging in den achtziger Jahren noch einen Schritt weiter.[38] Ihm zufolge ließ sich der Gedanke der internen Bewertung der Information nur noch bedingt in dem alten Formalismus der SHANNONSchen Informationstheorie formulieren. Die Außenreferenz des internen Abbildes war vielmehr durch einen Binnenwert zu erarbeiten. Um das zu ermöglichen, führte PALM eine Funktion ein, die die interne Erwartung des Systems qualifizierte, die nach der Verteilung der systemmöglichen Reaktionen zu bewerten war. Das System gewichtet also nach PALM ihm mögliche Ereigniskonfigurationen der Außenwelt analog zu einem Schema, das wir uns folgendermaßen veranschaulichen können: Beim Würfeln treten einzelne Ziffern mit einer bestimmten Wahrscheinlichkeit auf. Eine erwürfelte Ziffernfolge hat demnach eine aus der Wahrscheinlichkeit der Einzelereignisse zu berechnende Gesamtwahrscheinlichkeit. Kennt das System die möglichen Ereignisse des Würfelns, in diesem Fall die Zahlen, und die zu erwartende Verteilung dieser Ereignisse, kann es nun ein registriertes Würfelereignis bewerten. Zwar ist das Ereignis an sich unbestimmt, die Wahrscheinlichkeit, daß in der Gesamtsequenz der möglichen Würfe zu einem bestimmten Zeitpunkt ein bestimmtes Ereignis eintritt, ist aber abhängig von der bisherigen Verteilung der Würfe. Weicht ein Würfel in seiner singulären Registrierung von dieser Erwartung signifikant ab, können wir immerhin feststellen, *daß* das registrierte Ereignis sich nicht mit dem erwarteten deckt.

Die Erwartung erhält damit bezogen auf die Bewertungstextur des Subjektes einen Wert, der ausdrückt, wie weit der registrierte Wurf von dem erwarteten abweicht. Entsprechend wird die registrierte Abweichung den Erwartungswert für den jeweiligen Wurf korrigieren und insofern das Vorbild der Welt variieren. Dieser Welt wird nun vom Subjekt eine korrigierte Erwartungshaltung entgegengebracht. Extern hat sich nichts verschoben, aber die interne Kennung des Ereignisses hat sich gewandelt.

Dieses Beispiel mag abstrakt erscheinen, es drückt jedoch eine wesentliche Eigenschaft von informationsverarbeitenden Systemen aus, die ihre Handlungsfolgen entsprechend einer implementierten Vorannahme von Welt, die sich jeweils im Einzelnen exemplifiziert, strukturieren. Diese Strukturierungsleistung richtet sich eben nicht nur auf das jeweils registrierte Ereignis, sondern auf das in diesem hervortretende Gefüge einer Welt; sie richtet sich somit auch in der Reaktion auf Einzelnes auf den Gesamtrahmen der Handlungen aus.

Es ergibt sich somit rein technisch eine Ausweitung der vormaligen Kennung von Informationen: Das Ausscheren aus dem Erwartungswert kann durch das System mit Blick auf die erwartete Wahrscheinlichkeit bewertet werden. Damit wird eine innere Repräsentation zur Bewertung von Außenreizen genutzt. Wir können nun noch einen Schritt weitergehen und diese Bewertungsfunktion als Reflex auf Veränderungen des Binnenzustandes des betrachteten Systems zu begreifen versuchen. Diese Veränderungen sind zwar außenreizinduziert; um Bewertungen zu vollziehen, muß ein solches System jedoch diese Außenwelt selbst nicht kennen, es ›blickt‹ zunächst nur auf sich. Interessanterweise läßt sich aber analytisch zeigen, daß sich ein derartiges System eine Qualifizierung von Zustandsräumen und damit eine Art innere Sprache schaffen kann, die mit etwaigen Außenreizveränderungen direkt korreliert.[39] Dieses System generiert somit seine eigene Semantik. Es strukturiert seinen Erfahrungsraum nach einer ihm eigenen Maßgabe und schafft sich so seine Welt.

Kultivierungen

Subjekte Informationen sind Funktionen, die ich in den internen Skalierungen des Systems bewerte und die auf diese Weise nicht mehr einfach als Repräsentation der Welt begriffen werden können. Hier zeigt sich insofern ein möglicher Ansatz, Bewertungsmodalitäten zu finden, die sich auf die Information selbst beziehen, und damit eine erste – noch technisch formulierte – Begrifflichkeit entfalten, in der die Repräsentation nicht einfach auf eine als objektiv vorausgesetzte Außenwelt bezogen, sondern als Effekt einer internen Systemkennung beschrieben wird.[40] Damit wird der Versuch formuliert, durch eine Klärung und Erweiterung der Anwendungsbereiche der Informationstheorie ein Systemganzes zu entfalten, in dem sich die einfache In-Formation als Explikation der Charakteristika des repräsentierenden Systems bezeichnen läßt. Die Grundidee dabei ist, daß die Außenwelt als eine Modulation der Binnencharakteristika des Systems begriffen werden kann. Damit wird darauf verzichtet, die Welt zum Maßstab der Bewertung des eigenen Reaktionsraumes zu nehmen.[41] Der Maßstab ist vielmehr eine differenzierte Betrachtung des Abgleichs im Innenraum der möglichen Handlungen, der in seinen Inkonsistenzen einen Ausblick auf etwas eröffnet, das nicht im Innenraum des Systems selbst bestimmt, sondern als in diesem abgebildet beschrieben wird. Auf dieser Ebene ist also zunächst nur der Ansatz eines Formalismus dargestellt, der den klassischen Repräsentationsbegriff nicht einfach aufhebt, sondern ausweitet. Zu fragen bleibt natürlich, inwieweit dieser Begriff dann nur eine Variation des kritisierten Programms darstellt oder in der Tat neue Perspektiven erschließt.

Beschrieben wird eine Bewertungsfunktion, in der sich eine

Information in bezug auf das Innen, d. h. auf einen Erwartungshorizont, bestimmen läßt. Dieser Erwartungshorizont ist ein Vorwissen, das im Vergleich mit der momentan registrierten Reaktion beschrieben und somit auf einen Gesamtkontext hin abgebildet wird. In diesem erfährt die Information bezogen auf dieses Vorwissen eine Bewertung. Sie wird damit Teil des Gesamtvorstellungskontextes, den wir als Wissen bezeichnen.

Es geht also im weiteren um solche Modelle des Wissens, die, von diesem oder anderen Ansätzen ausgehend, das Problem der Information konstruktiv behandeln und es somit erlauben, die klassischen Informationsvorstellungen in einen Kontext zu integrieren, der auch komplexere informationstheoretische Vorstellungsansätze als Wissen zu beschreiben erlaubt.[42]

Wissen als Menge der möglichen Zustände von Weltrepräsentationen wäre dann technisch in einem Katalog zu fassen, der – bei Vollständigkeit – das absolute Weltwissen darböte. Es ginge dann nur noch darum, nach Regeln zu suchen, die dieses Weltwissen in der rechten Weise abzurufen vermögen. Das Ranking der Repräsentationen könnte durch das Kriterium bestimmt sein, die explizite Passung von Frage und Antwort aufzuweisen. In dem Moment aber, wo das System noch nicht abgeschlossen ist, wäre keine absolute Passung zu finden. Ein solches System wäre immer nur relativ auf die derzeit schon möglichen Zustandsverordnungen zu beziehen. Hier gelangen die Weltrepräsentationsmodelle an eine Grenze, da sie in diesen Relativdimensionen den Maßstab zur Eichung ihres Systemzugriffs verlieren.

Klassifizierungen Die derzeit geläufige Idee einer solchen Ordnung von Wissen bindet sich an die Vorstellung klarer Klassifikations-Hierarchien. Dieser Gedanke einer absoluten

Geltungssicherung ist jedoch nicht aufrechtzuerhalten. Es müßte also gelingen, ein Modell zu finden, das es erlaubt, eine Zuordnung von informationsverarbeitendem System und den reizabgebenden Größen zu finden, die nicht auf einer schon vorstrukturierten Abstimmung zwischen Sender und Empfänger aufbaut. An Überlegungen DONALD HEBBS angelehnt, wurde um 1980, nach einem ersten Scheitern der Forschung an einer explizit an Wissensstammbäumen orientierten Künstlichen Intelligenz, die Idee eines offenen, vorgegebene Wissenshierarchien sprengenden Systems der Weltrepräsentation formuliert.[43] Sie läßt sich etwa im Konzept des *parallel distributed processing* wiederfinden. Der zentrale Gedanke hierbei war, die hierarchische Struktur von Entscheidungsbäumen in synchrone, parallel zueinander ablaufende Prozessierungsschritte aufzulösen. In einer anschließenden Phase wurden in diese Verrechnungsapparaturen Lernalgorithmen eingelesen, die ohne eine zentrale Rückkopplung lokale, erfahrungsbedingte Veränderungen in der Verrechnungsarchitektur ermöglichten.[44]

Diese Struktur bildete Lernprozesse als lokale, erfahrungsbedingte Veränderungen im Ansprechverhalten der anzutrainierenden Verrechnungsarchitekturen ab. Sie arbeitete nicht mit vorgegebenen Korrekturfunktionen, sondern blieb offen organisiert. Die Idee des offenen Systems verband sich in den achtziger Jahren mit der Idee der neuronalen Netze.[45] Die Grundvorstellung war, in der Modellierung eines kognitiven Systems ein Gefüge von Verrechnungselementen errichten zu können, das sich in seiner Organisation zunächst in sich selbst bestimmte und erst in einem zweiten Schritt von außen beeinflußt war.

Diese Idee führte dann weiter zu der Frage, wie sich in einem entsprechenden Gefüge überhaupt neue Wissensmodelle formierten. Das Ideal wäre eine komplexe Verzahnung aller laufenden Kommunikation in der Art eines Netzes, in dem jede Äußerung in jede andere instantan übergreifen und damit ein internes Kommunikationsgefüge aufbauen würde, das in seinen Überlagerungen laufend diversifiziert und konturiert würde. Dieses Kommunikationsnetz könnte in dem Maße als eine Art Gehirn verstanden werden, in dem interne Kommunikationstexturen abgeglichen und damit Selektionshierarchien aufgebaut und Identifikationswege konturiert wären.[46] Es würde so in der Vorstellung einer komplexen Verzahnung all des uns Möglichen die alte Idee der Topik in neuer Form wiederaufleben lassen.[47] In ihr wäre die Welt der Bestimmungen und damit Wissen begründet.

Insgesamt schien so in den neunziger Jahren ein Rezept gefunden, nach dem wesentliche Eigenschaften eines realen neuronalen Systems in einem ebenfalls aus lokal verschalteten Elementen und einer präzise geschalteten Vernetzungsarchitektur bestehenden Modell darstellbar schienen, wobei die einzelnen Verrechnungseinheiten in ihren Verknüpfungscharakteristika lokalen, erfahrungsbedingten Veränderungen unterworfen sind, die deren Gesamtverrechnungseigenheiten variieren. Problematisch war hierbei, daß zunächst die Modellierung der Analytik davonlief, zugleich aber auch schnell an Kapazitätsgrenzen stieß, so daß die Programmierer sich schon nach wenigen Jahren mit den Physiologen rückzukoppeln suchten, um von ihnen Strategien zu erfahren, mit denen reale neuronale Systeme ihre Verrechnungsprozesse optimierten. Dabei wurde schnell deutlich, daß die vereinfachenden Darstellungen der mit Modellen arbeitenden Theoretiker die realen Vorgänge des Nervensystems nur in wenigen Aspekten und hier nur annäherungsweise abzubilden vermochten.[48] Die Diskussion verlagerte sich damit sehr schnell auf Anwendungsfragen, wurde hier fruchtbar und entwickelte analytische Instrumentarien, die wieder auf die Neurowissenschaften zurückwirkten.

Erfolge Mit dieser Idee verbanden sich nun Vorstellungen von der Organisation des Kognitiven, die Wissen im Bild des Netzes beschrieben. Die Netze, in denen sich unser Wissen ›fängt‹, sind die Netze der eingangs skizzierten barocken Universalwissenschaft. Damit gehören diese Figuren in die Geschichte eines Denkens, das der Statik und nicht der Dynamik verschrieben war. In diesen Netzen und Hierarchien, die auch die Architekturen des Spätbarocks widerspiegeln, war kein Platz für eine sich selbst konstituierende Dynamik. Die BACH-schen Fugen tragen in ihrer klaren Schichtung mehr Dynamik in sich als dieses moderne Korsett eines Wissensmanagements, das sich mit dem Verlust seiner theologischen Dimension noch entschiedener in sich verfestigte.

So führt die zunächst nur historische Diagnose schon einen ersten Schritt aus diesem Korsett heraus und läßt damit – in einer Art negativer Kognitionswissenschaft – etwas von der Dynamik aufscheinen, die wir mit unseren neuen Instrumentarien wie dem Internet realisieren könnten, wenn wir endlich aus den überkommenen Typisierungsmustern von Wissensorganisation ausbrechen würden. Demnach müssen wir auf eine Vorstellung zielen, die eine wirkliche Alternative zu der Idee bildet, uns irgendwo im Absoluten zu sichern. Die Vorstellung eines CONDILLAC, solch ein Absolutes in der Welt zu finden, die sich dann in unseren Vorstellungen ab- und ausdrückt, führte nicht weiter. Objektivität läßt sich nicht einfach durch den Verweis auf die Stimmigkeit unserer Vorstellungen von der Außenwelt sichern. Die Idee, nunmehr von einem einfachen

Schema, daß das Außen das bestimmt, was wir denken, abzusehen und nun nach inneren Bestimmungen zu suchen, führte auf die Vorstellung, daß in der Vielfalt von Überlagerung wechselwirkender Kausalitäten Sicherheit zu finden ist. Diese Idee könnte weiterführen. Nur darf solch ein Konzept sich dann aber nicht an der alten, statischen Vorstellung absolut geltender Voraussetzungen für all unser Tun orientieren. Auch die Bilder von Netzen und die Vorstellungen von Hierarchien weisen nun aber auf diese statischen Modelle absoluter Geltungssicherheit zurück. Wir müssen das Konzept eines sich in sich begründenden Weltwissens sehr viel differenzierter darstellen.

Es geht hier demnach nicht um bloß abstrakte Vorstellungen einer möglichen Weltweisheit, sondern um die Frage, ob und inwieweit in der Differenzierung von Wissen und Information auch praktische Folgerungen für das Design von Wissensrepräsentationsmodellen und damit für eine erweiterte, auch operativ zu nutzende Vorstellung von Kognition zu gewinnen sind. Festzuhalten ist bisher allein, daß die Vorstellung eines informationsverarbeitenden Systems nur unter Voraussetzung eines bestimmten Szenarios Erfolg verspricht. Ich muß die Welt schon kennen, deren Abbild ich über die Informationstheorie bewerte. Biologisch gesehen hat eine solche Vorstellung Grenzen, ist die Funktion eines Nervensystems doch nicht damit zu erklären, daß das Tier um die Welt weiß, in der es sich mittels seines Nervensystems zurechtfindet. Dieses Zurechtfinden ist vielmehr nur ein Ausweis dafür, daß das System in seinen Reiz-Reaktions-Beziehungen in ein bestimmtes Umfeld paßt. Es ist aber nicht gesagt, daß die entsprechenden Verrechnungen auf der Grundlage eines dieser Passung vorgeordneten Wissens erarbeitet werden. Daß etwas existiert, ist schon der Beleg dafür, daß es sich durch sein Verhalten in seine Welt einzupassen vermag. Was wiederum nicht bedeutet, daß in diesem Verhalten zu erkennen ist, wie die Welt »wirklich«, das heißt unabhängig von diesem Verhalten, ist.

Nehmen wir zwei Beispiele. Es gibt einen kleinen Singvogel in Florida, der alljährlich eine Wanderung antritt, die ihn ins offene Meer des Golfs von Mexiko hineinführt. Nach einem Non-Stop-Flug landet er schließlich im Bereich des Panama-Kanals. Wie schafft es dieser kleine Vogel, auf diese Weise zu navigieren? Die Antwort ist einfach. Er navigiert gar nicht. Der Vogel startet zu einer bestimmten Zeit im Jahr, in der ein kontinuierlicher Passatwind über den Golf von Mexiko streicht, der ihn, hält er sich nur in der Luft, direkt nach Panama befördert. Auszulesen war in der Evolution somit nicht ein Wissen um die Geographie des Golfes von Mexiko, sondern nur der Zeitpunkt, zu dem diese Vögel abheben müssen. Vögel, die außerhalb der Passatzeit starten, landen irgendwo im Meer vor der Küste von Amerika und sterben. Nur diejenigen Vögel, die zur rechten Zeit starten, gelangen ans Ziel, wobei sie sich während ihres Fluges nur in der Luft zu halten haben. Die Richtung wird ihnen quasi vorgegeben.

Dieses Beispiel zeigt, wie vorsichtig wir sein müssen, wenn wir Leistungen eines Organismus von seinem evolutionären Erfolg her zu bewerten haben. Dieser Erfolg ist keineswegs eindeutig definiert. Dies zeigt auch das Beispiel einer Nagergruppe, die in Zeiten großen Populationsdruckes aus ihren Stammquartieren auf der skandinavischen Halbinsel in großen Gruppen nach Süden abwandert. Dieses Verhalten stabilisierte sich in der letzten Eiszeit, in dieser Zeit lag die Ostsee trocken. Nach Süden abwandernde Populationen konnten die zentrale Population somit erweitern. Heute führt die Wanderung diese

Kleinsäuger, die Lemminge, ins Wasser der Ostsee, wo sie ertrinken. Solange aber die Kernpopulation in ihrem Bestand ungefährdet bleibt, wird diese Abwanderung nach Süden bei zu großem Populationsdruck erfolgen, ohne den Kernbestand der Population zu tangieren. Das für die abwandernden Individuen unsinnige Verhalten kann sich also in der Erbmasse dieser Kernpopulation stabilisieren, obwohl sein Effekt für die entsprechend agierenden Einzelnen zur Katastrophe führt.

In beiden Beispielen findet sich im reizverarbeitenden System ein für das Überleben der Gruppe sinnvolles, d. h. zumindest nicht schädliches Verhalten stabilisiert. Die Einprägung einer bestimmten Strategie setzt also keineswegs voraus, daß sich die entsprechend »informierten« Tiere über einen Gesamtzusammenhang ihres Handlungserfolges orientiert haben:

Wissen ist nun aber mehr als Information im Sinne eines aufgrund von Außenreizen induzierten Abrufs einer Verhaltensstrategie. Wissen wäre hier eine Orientierung über das, was sich in den entsprechenden Gruppen mit ihrer Information ereignet. Es reicht also nicht, einfach »zu machen«, um zu wissen.[49]

Muster Wissen kann nicht die Vorgabe sein, mit der sich unser Orientierungssystem einen Weg durch ein ihm sich sukzessive klarer konturierendes Außen bahnt. Diese Vorstellung bindet das Wissen an eine Offenbarung. Eine Vorstellung aber, der zufolge wir in unserer endlichen Existenz ein Schattendasein des Geistes führen, das sich nur mühsam dem Glanz des Absoluten nähert, ist in unserer Kultur in fast allen Bereichen aufgegeben. Wissen ist demnach keine Vorgabe, sondern das Resultat einer Geschichte als Moment einer Kultur. Es wird durch Handlungspraktiken und Strukturen reguliert. Es ist gebunden an die sprachliche, strukturelle und operative Selbstvergewisserung dieser Kultur und somit als historischer Prozeß zu verstehen. Wissen ist das immer im Moment Verfügbare in diesem Amalgam verschiedener Traditionen einer Kultur, deren Analyse aufdecken kann, wie sich das Wissen formt. So ist es möglich, sich den etwaigen Gleichschritt oder aber das Vorauslaufen oder Nachhinken der verschiedenen Kulturbereiche vor Augen zu halten und sich damit das momentan Präsente aus dieser Geschichte verständlich zu machen.

Diese Sicht hat Konsequenzen – auch für das Verständnis der Information. Informationen sind zunächst einfach nur Mitteilungen oder Nachrichten. Sollen sie zu etwas dienen, sind sie jedoch auch zu bewerten, d. h. auf den Gesamtkontext der schon verfügbaren Informationen zu beziehen. Diese Informationen werden also einander zugeordnet. In dieser Zuordnung entsteht, wie oben dargelegt, Wissen. Schließlich werden die Nachrichten in der Strukturierung der Informationen zu Teilen eines Ganzen, in dem sich ein Bild formiert, das mehr ist als die Summe seiner Teile. Wissen ist also mehr als die unreflektierte Anhäufung von Daten. In ihm formiert sich so etwas wie eine Instanz, die solche Daten zu bewerten erlaubt. Wie aber ist diese Wissensinstanz zu finden?

Wie schon besprochen, ist die rein sprachliche Behandlung der Bewertung des Wissens zu eng. Daher ist es notwendig, eine kulturelle Perspektive auf das Wissen zu eröffnen. Nur diese erlaubt es, Wissen in seiner Vielfalt zu bewerten und in seinem Zusammenspiel zu »managen« (Wissensmanagement). Wichtig ist, in einem ersten Schritt zu verstehen, daß die hier zunächst als gradlinig beschriebene Entwicklung eines Wissens illusorisch ist. Es gibt ein Nebeneinander lokaler Kommunikations- und Handlungsräume, in denen sich verschiedene kulturelle Traditionen ausprägen. Teil- und übergangsweise verzahnen sich diese in jeweils ganz unterschiedlichen historischen Dimensionen etablierten Traditionen. Damit entstehen Brüche, in denen doch Gleichartiges im Zentrum verschiedener Betrachtungsansätze liegt. Dabei ist wichtig, daß sich mit der strukturellen Diversifizierung solcher Kulturräume auch die sich hierin etablierenden Wissensräume separieren. Dies gilt insbesondere dort, wo Verfahren und Strukturen einen maßgeblichen Einfluß auf die Weiterentwicklung bestimmter Wissensräume gewinnen, wie dies etwa in der modernen Physik oder in der Biologie der Fall ist. So sind physikalische Großforschungsanlagen oder auch astronomische Beobachtungsstationen so kostspielig, daß sie nur durch eine umfassende, verschiedene Fachgebiete umspannende Nutzung finanzierbar sind. Die Strukturvorgabe gewinnt damit eine nicht mehr separierende, sondern integrierende Funktion. Ein schönes Beispiel für eine solche Wirkung struktureller Vorgaben bietet die *Stazione Zoologica* von ANTON DOHRN in Neapel, die im ausgehenden 19. Jahrhundert zu einem der führenden Laboratorien für experimentell arbeitende Biologen wurde.[50] Die strukturellen Dispositionen waren hier zum einen die Verfügbarkeit wichtiger Experimentalobjekte – einerseits durch die Lage, andererseits aber auch durch die Organisation der Arbeitsabläufe des technischen Personals –, zum anderen die Art und Weise der Bindung der Wissenschaftler an die *Stazione*. So konnten verschiedene Nationen durch Beitragszahlungen Plätze für ihre Wissenschaftler anmieten. Damit wurden Arbeitsräume für die aus ganz unterschiedlichen Arbeitsumfeldern nach Neapel strömenden Wissenschaftler verfügbar, die dort einer für alle gleich definierten Laborsituation unterworfen wurden, sich miteinander austauschten und so ganz nebenbei zu einer Standardisierung der Verfahren der experimentell arbeitenden Zoologie beitrugen. Die Geschichte der *Stazione* zeigt deren Bedeutung für eine experimentelle Biologie auf, deren Wirkungen bis in die Vereinigten Staaten reichten. Es kam zu Folgegründungen wie Woods Hole, die orientiert am Modell der *Stazione* die Forschungsatmosphäre auch in Nordamerika vor Ort zu stimulieren suchten und damit nach 1945 wiederum massiv auf den Aufbau der biowissenschaftlichen Forschung nunmehr in Europa zurückwirkten.[51]

Wissen ist so auch nicht einfach die Summe der einzelnen Köpfe einer Kultur, da diese ihr Wissen immer erst im Zusammenhang der lokalen Eigenheiten der Kultur, in der sie agieren, gewinnen und fixieren können.

Ordnungen   Im 18. Jahrhundert entwickelte sich eine Diskussion um eine rein innernaturale Bestimmtheit der Ordnungsmuster des Lebendigen, die die ins 17. Jahrhundert zurückreichende Diskussion um die Determination der Individualentwicklung der Organismen aufgriff.[52] Es galt, die vormalige Idee einer gottgegebenen Struktur des Naturalen und damit das klassische Ordnungsmuster des Naturwissens zu modifizieren.[53] Nicht das einzelne, sondern bestenfalls das Programm einer sich derart in sich ausdifferenzierenden Natur war das Resultat göttlicher Bestimmung. Demnach wurde das All nicht mehr in Gott gegründet, sondern aus sich und den in ihm wirkenden Kräften.[54] Die programmatische Schrift *L'homme machine* von Julien Offray de Lamettrie (1709-1751) ebenso wie die fünfzig Jahre später von dem Mathematiker Pierre Simone Laplace (1749-1827) gegenüber Napoleon getroffene Aussage *Die Hypothese Gott kommt in meiner Kosmologie nicht vor* markierten diesen Diskussionsstand.[55] Die im weiteren Verlauf entstandenen analytischen Naturwissenschaften bestimmen sich durch die Verneinung des an sie herangetragenen Anspruchs, die Natur erkennen zu können. Ziel ihres Erkennens ist vielmehr, ein Gesetz aufzustellen, das einen Phänomenbereich in zureichender Weise strukturiert; etwa derart, daß sich mögliche und im weiteren auch registrierte Phänomene in diesen Erfahrungszusammenhang einordnen lassen, ohne daß diese Einordnung intendiert, die Natur selbst zu beschreiben. Ein derartiges Gesetz ist mithin nichts anderes als eine Aussage über die innere Struktur einer wissenschaftlichen Naturbeschreibung.[56]

Die Frage ist nur, was wird hierin bestimmt? Eine Wissenschaft, die die interne Ordnung ihres Aussagengefüges mit Verweis auf die sich dort nachzeichnenden Gedanken des Schöpfers sichern konnte, hatte – wie gezeigt – in ihrer Systematik keine Probleme. Sie war sich der gottgegebenen Ordnung der Dinge sicher.[57] Entsprechend problemlos konnte sie damit auch die Welt beschreiben. Der Stil dieser Beschreibung konnte anekdotisch sein, er durfte und mußte verschiedene Darstellungen nebeneinanderstellen. Nicht die Selektion des Beobachters, sondern die Vollständigkeit des Beschriebenen war das Problem.

Logifizierungen

Rationalisierungen HEGEL unternahm in dieser Situation den Versuch, in der logischen Dekonstruktion der Konturen des Rationalen dieses selbst in seiner Bestimmtheit aufzuzeigen und so die Rationalität des Verständigen überhaupt zu bestimmen. Wissen konturiert sich nach ihm aus der Reflexion auf die Bestimmungen, in denen die Natur sich ins Leben setzt. Deduktion bedeutet hierbei keine ontologische Setzung, sondern einen Sicherungsprozeß, in dem analog zu den späteren Verfahren in der Mathematik die Bestimmungen eines Axiomensystems und damit die Grundfigur des Rationalen beschrieben werden.

Wissen sollte auf diese Weise in einer umfassenden Hinsicht zu operationalisieren sein. HEGEL dreht somit in seinem Versuch, die Bestimmungen des Denkens in Geltung zu setzen, den Spieß herum: In seinem Frageansatz wird nicht das Wissen aus den Dingen, vielmehr werden die Dinge aus dem uns möglichen Wissen heraus konturiert.[58]

Dagegen ist nun eine Abbildung der historischen Dimension auch des positiven Wissens zu setzen, die im übrigen in einer eingehenderen Analyse der Naturphilosophie HEGELS selbst deutlich wird. Die Ordnung des Wissens ist in der Phase um 1800 nicht prinzipiell, sondern bedingt durch die Situation der sich vermeintlich theoriefrei bestimmenden Erfahrungswissenschaft von dieser abgehoben. Zumindest war das Bemühen SCHELLINGS, eine reine Naturwissenschaft zu konstituieren, zunächst nichts als der Versuch, eine Theorievorgabe zu finden, in der die Befunde der Naturforschung in einen Zusammenhang zu bringen waren. Daß sich als Konsequenz dieser Versuche die Idee einer enthistorisierten Wissenssystematik ergab, daß also die diese bestimmenden Praktiken und Strukturen nicht mehr thematisch wurden, liegt auf der Hand. Als sich dann in einer zweiten Phase die Naturwissenschaft gegen diese theoretischen Vorgaben zu autonomisieren suchte, tat sie dies mit dem Versprechen der Anwendungsbezogenheit; sie war aber selbst in ihrer Praxis noch nicht konsolidiert genug, um ihren Anspruch anders als in Glaubenssätzen formulieren zu können. Insofern bleibt die Auseinandersetzung der frühen

Naturwissenschaft mit der Naturphilosophie, dies zeigen etwa die Arbeiten des Botanikers MATTHIAS JAKOB SCHLEIDEN, eine Auseinandersetzung auf philosophischem Feld.[59] Aus dieser Vorgabe erwuchs dann das Konzept einer Objektivierung qua Induktion, mit dem sich die Naturwissenschaften vollends der historischen Dimension zu entziehen suchten.

Ent-Historisierung   Doch selbst dieser Versuch ist historisch erwachsen. Umgekehrt sollte, wie gesagt, bedingt durch DARWIN, Mitte des 19. Jahrhunderts, also in genau der Phase, in der die Naturwissenschaften die Naturphilosophie dominierten, das Naturwissen selbst historisiert werden.[60] Allerdings nimmt die Naturwissenschaft, die zumindest im deutschen Sprachraum etwa auf seiten ihrer physiologischen Vertreter diese Historisierung schlicht nicht wahrhaben will, diesen Angriff auf die vermeintlich zeitlose Objektivität ihres Wissens nicht auf. Im Gegenteil, gegen Ende des 19. Jahrhunderts wird nun diese massiv eingeforderte Historisierung, die im Kontext der Debatten um Sozialdarwinismus, Eugenik und Rassenlehre alles andere als ahistorisch einherkommt, auf seiten der Physiologie und Chemie als Gesetzmäßigkeit und demnach im Sinne eines objektiven, der Geschichte enthobenen Wissens verstanden.

Um 1900 brechen mit den neuen Dimensionen einer Kosmologie, die ein Raum- und Zeitgefüge aufstößt, das gerade in seinen Größenordnungen für eine am menschlichen Maßstab orientierte Geschichte kaum faßbar scheint, die vormaligen Vorstellungen von Zeitdauern zusammen. So führt die radikale Historisierung des Naturwissens in ihrer Ausweitung paradoxerweise zugleich zu einer Enthistorisierung, da in diesen neu gefundenen Dimensionen das Historische kaum mehr lokalisierbar schien. Dabei ist die damit verbundene Relativierung der

Dimensionen des Humanen eigentlich nichts Neues; sie leitete, von BOETHIUS an, das Denken der christlichen Philosophie, die freilich die humane Begrenztheit in der Dimension des Göttlichen aufheben konnte.[61] Im säkularisierten Weltbild des ausgehenden 19. Jahrhunderts ist diese Entbindung des Humanen aus dem Maßstab des Menschlichen aber kaum mehr faßbar. Die Evolutionslehre wird demnach – etwa im Sozialdarwinismus – nicht als Darstellung einer freilaufenden Entwicklung, sondern als eine auf ein Ziel hin orientierte Naturgeschichte begriffen, in der das Jetzt als Maßstab des Vergangenen fungiert. So ließ sich nach 1900 auch der Versuch verstehen, in einer umfassenden Biologisierung des Weltbildes auch für die gesellschaftlichen Normen verbindliche Skalierungen zu finden. Daß diese nur relativ waren und nur für wenige Generationen Halt versprachen, blieb angesichts der neuen Dimension einer fast bis ins Unendliche reichenden Zeit unverstanden. Nach 1945, nach dem weltanschaulichen Bankrott dieses Biologismus nur wenige Jahrzehnte später, blieb die zeitliche Perspektivierung ins Unendliche erhalten. ISAAC ASIMOVS Trilogie *Foundation*, die eine ganze Reihe von Science-fiction-Entwürfen zur Folge hatte, verband damit die Idee der Psychohistorie, die der Vorstellung anhing, bei einer genügend großen Anzahl von Psychen letztlich statistische Vorhersagen über die Zukunft des Humanen machen zu können. Er versöhnte so den nunmehr überlebten Biologismus mit einem an den Möglichkeiten der Technik orientierten Zukunftsglauben. Das Morgen gab hier den Maßstab für das Heute ab; das Ziel der uns möglichen Evolution schien damit in der Tat in der »schlechten Unendlichkeit« (HEGEL) einer sich ins Unermeßliche erstreckenden Welt gefunden zu sein. Fragen, wie die einer Strukturierung des Wissens, wurden vor dem Plafond solcher Möglichkeiten obsolet. Die Idee des Machbaren, die schon SCHLEIDEN in seinen ersten Stellungnahmen gegen eine philosophisch reflektierte Naturlehre getragen hatte, wurde hier zum Maßstab des Möglichen. Die Ordnung des Wissens verstand sich als unendliche Annäherung an das Absolute. Die Vorstellung, im Mikrokosmos des Jetzt die Saat des später Möglichen zu finden, gab der Idee der Entwicklung den ahistorischen Sinn der Ausformung des schon Angelegten. Damit blieb auch das Morgen aus dem Jetzt begreifbar. Das Wissen wurde zu einer asymptotisch beschreibbaren Größe. Die Vielfalt der Wissensformen wurde nur mehr als eine Verunreinigung dessen beschrieben, was im Allgemeinen an Absolutem erwachsen konnte. So ist – historisch – zu verstehen, inwiefern sich gerade in der konsequenten Historisierung der Kultur die Geschichtlichkeit des Wissens auflöste und in die Zeitlosigkeit des Technischen übersetzte: Wissen erschien nun als ein technisch zu reproduzierendes und eben im erweiterten Sinne auch technisch zu verstehendes Handlungssteuerungsmodul. Dies konnte dann auch durch den zuständigen Mechaniker – sei er ein Neuroanatom oder ein Physiologe – in seine Teilfunktionen aufgelöst und begriffen werden. Damit wird zwar die rein sprachliche Bestimmung von Wissensordnungen aufgegeben und durch ein handlungsbezogenes Wissensmodell ersetzt. Allerdings wird dieses erweiterte Konzept dann wiederum in ein statisches Ordnungsmodell eingepaßt.

Als Kulturtechnik beschrieben, verlor die Idee des Wissens ihre historische Identität.[62] Die Bearbeitung des Wissens reduzierte sich auf das, was in solcher Technik darzustellen war. Gewohnte Handlungspraktiken lösten sich in Listen möglicher Handlungsfolgen auf, wie sie die Piloten noch aus ihren Kriegseinsätzen kannten. Die funktionale Schnittstelle von Mensch und Maschine besetzte damit die prinzipiell ins Mechanische übertragbaren Traditionen von Praxis und Verfahren. Dies zumal, als im Kontext der Rationalisierung der Fertigungsverfahren in den im 19. Jahrhundert entstehenden Fabriken die Metapher der Maschinerie in der Organisation industrieller Fertigungsprozesse schon konkret bis auf die Ebene des Faktors Mensch heruntergeführt wurde. Die Arbeiten von FREDERICK WINSLOW TAYLOR zeigen, wie der Mensch als Instrument in den Prozeß von Produktion und Marketing einzubinden war.[63] Der Versuch einer weiteren Ausdifferenzierung im Sinne einer rassespezifischen Funktionalität tat ein Weiteres, um offenzulegen, wieweit Handlungstraditionen in einer sich technologisch verstehenden Kultur rationalisierbar schienen und rationalisiert wurden.[64]

Evolutionen

Maße

Maßstäbe Ist das Historische zu bemessen? Dazu müßte es möglich sein, die Repräsentationen und Handlungsbewertungen unabhängig von der historischen Situation, in der sie erwachsen, zu bewerten. In dem Moment aber, wo einsichtig wurde, daß mit den entsprechenden Verfahren doch nur Metaphern bedient und alte Konzepte aufgewärmt wurden, wurde auch klar, daß sich die Geschichte nicht einfach als eine Ontogenese des der menschlichen Kultur Möglichen fassen ließ. Wissen war also wieder an den historischen Prozeß zurückzubinden, in dem sich eine Kultur auch des Wissens ereignete. Elemente dieser Kultur waren die Handlungsträger, die Praktiken realisierten, Konzepte entwickelten und Strukturen nutzten. Eine erste Idee, das Wissen auf diese Weise aus der Objektivität des verlorenen Absoluten zu lösen, band dieses zurück an die Elemente, die mit dem Wissen operierten, an die Subjekte.

Der neue Maßstab des Wissens versteht sich demnach aus einer konsequenten Historisierung und zielt auf das Subjekt, das sich als eine geschichtlich gewachsene und durch eine Kultur bestimmte Entität begreift. Damit ist nun überraschenderweise nicht jeder Maßstab verloren; es wird vielmehr eine neue Objektivierung, die Objektivierung des Subjektiven, erreicht.

Die Idee, die Natur zum Maßstab des Wissens zu machen, führt also konsequent gedacht zurück zum Subjekt. Mit Hegel waren wir schon einmal soweit – die damalige Auseinandersetzung um seine Naturlehre wurde im 19. Jahrhundert eben nur strukturell ausgehebelt, aber nicht im eigentlichen aus-diskutiert. Die Vorstellung, Wissen als Anhäufung einer als objektiv angenommenen Bildwelt abgespeicherter Naturalien-anschauungen zu fassen, führt uns auch heute nicht weiter. Die Bilder der Natur hinterlassen so nur einen Nachhall in einem Geist, dessen innere Mechanik kaum dazu in der Lage ist, diesem ein konturiertes Gesicht zu verleihen.

Ein Moment dieser Konturierung ist das seiner sprachlichen Organisation, in der sich die Ratio eine Struktur verleiht. Die Natur wird auf diese Weise – so der Sprachphilosoph A. J. AYERS – in den Mustern der sie beschreibenden Netze gefan-gen,[1] die sich selbst wiederum nur in ihrer innersprachlichen Korrespondenz überprüfen lassen. Die Sprache wird damit zu einem Gerüst, in dem sich die Bilder eines Wissens fangen, das sich allein in diesem Gerüst gesichert weiß. Eine Frage oder Bemerkung begründet sich – so auch WILLARD QUINE – im Widerhall der Aussagen, die sich im Gefüge der uns möglichen Sprache vorfinden lassen.[2] In diesem Widerhall, in der ihn auf-fangenden Bestimmung von Aussagenfolgen, hat die Einzelbe-schreibung in ein Ganzes gefunden. Dort aber – so der späte LUDWIG WITTGENSTEIN (1889-1951) – ist sie als einzelne ver-loren.[3]

WITTGENSTEIN beschreibt, wie wir in unserer Sprache mit den Bestimmungsgefügen spielen, in denen wir uns die Welt bilden.[4] Er beschreibt, wie wir Sätze ineinander abbilden und damit Formen entstehen lassen, in denen wir das uns eigene Wissen testen und attestieren können.

Das Wissen gibt sich in der Funktion von Aussagen über die Welt ein Gesicht, die sich dann in der Architektur des Gehirns festsetzen und fixieren.[5] Das Hirn wird damit zu einem Archiv des Wissens; auch hier gibt es möglicherweise Bereiche, in denen eine Einzelheit nicht einfach nach den Signaturen der Hirn-Bibliothek selektiert und als passende Antwort auf eine in dieses Gefüge gestellte Frage ausgewiesen werden kann. Nach WITTGENSTEIN ist freilich diese Zuordnung von Einzelheiten selbst gar nicht möglich. Wird doch das Einzelne schon im ersten Schritt seiner sprachlichen Notation in die Syntax dieser Sprache und damit in eine begriffsinterne Verweisstruktur eingebunden. Erkennen ist dann ein Spiel mit diesen Signaturen, in denen Einpassungen und Ergänzungen Eingang finden, gestaltet und gegebenenfalls auch fixiert werden können.

Die erhaltenen Bilder der Weltordnung reflektieren die möglichen Sprachspiele des Gehirns. Sie lassen sich ordnen und in Bezugshierarchien einbinden, die der Syntax der Aussagefolgen entspringen. RUDOLF CARNAPS Idee eines logischen Aufbaus der Welt setzt genau an diesem Punkt an und sucht nun in der Iteration dieses Sprachspiels die Struktur aufzuweisen, in der sich die möglichen Urteile einer Sprache in ihrer Verweisstruktur im System aller möglichen Aussagen darstellen lassen.[6] Das Resultat – ein wohlgeordneter Raum möglicher Qualifizierungen – ist dann der Ordnungszusammenhang des Wissens.

Diese Idee des Philosophen CARNAP beeinflußte um 1950 den Neuro- und Kognitionswissenschaftler WARREN MCCULLOCH (1899-1969), der das Szenario möglichen Wissens in das Programmszenario eines möglichen Modells von Wissen umsetzte.[7] MCCULLOCHS Vorstellungen und die durch ihn wachgerufenen Diskussionen führten in den sechziger Jahren zu den ersten Konzepten der Künstlichen Intelligenz,[8] in denen die entsprechenden Forschungsprojekte das philosophische Programm physiologisch umzusetzen versuchten. Wissen war nach dieser Auffassung operativ und in den Verweisstrukturen eines Expertensystems darzustellen. Aussagen waren Beschreibungen, die sich als Informationen mit der klassischen Informationstheorie fassen ließen. Dieses Modell führt aber – wie skizziert – in die Irre.

Eigenheiten   Welt ist das, was uns als Subjekten zu eigen ist. Nicht die Objektivierung des Subjekts, sondern umgekehrt die Sicherung des Objekts im Subjektiven gilt es zum Ansatz einer Sicht auf die Welt und ihrer Sicherung zu nehmen. Kronzeuge dieses Unterfangens ist für mich die Hirnforschung, die uns zeigt, daß Wahrnehmung, das Einbinden des Außen in das physiologische Gefüge des Gehirns, alles andere als eine einfache Versicherung der Impression darstellt.

Normierungen

Bestimmtheiten   Die einfache Rationalisierung des Wissens führt auf keine festen Bestimmungen zurück, sondern benennt immer nur temporäre Ordnungen, die das abbilden, was uns rational faßbar ist, in diesem Faßbaren aber schon Wege aus dem bisher Bekannten eröffnen. Wir betrachten kein geschlossenes, sondern ein offenes System des Wissens. Und wir betrachten es in einer konsequenten Historisierung, die auf die spezifisch lokalen Einbindungen des Subjekts – in seine Familie, sein Berufsfeld, seine Kommunikations- und Sprachgemeinschaft – als ein Nebeneinander von offenen Verweis- und Deutungssystemen blickt.

Diese, das zeigt exemplarisch die parallele Entwicklung der chinesischen und der europäischen Kultur, sind nur bedingt ineinander abbildbar oder aufeinander zu reduzieren. Wie ist damit umzugehen? Die Lösung liegt auch hier in der konsequenten Vergeschichtlichung, die eine Kultur nicht nur aus dem derzeitigen Moment, sondern zugleich aus dem je instantan präsenten Gedächtnis begreift.[9] Dieses kann sie innerhalb der Kultur rekonstruieren. Indem sie dies tut, wird dieses Gedächtnis als solches erfaßt und schon damit erweitert.

Was wir auf dieser Idee aufbauend gewinnen müssen, sind spezifische Umgangsformen, die das Wissen als Resultat eines kulturellen Werdens begreifen. Das führt nicht notwendig zu einer abgehobenen, bloß akademisch interessanten Darstellung der Vernetzung heutiger Konzepte. Es ist genau das Verfahren, das wir eingangs als unumgänglich für ein Wissensmanagement erachteten. Es ist dann effektiv, wenn es verschiedene Wissenstraditionen sinnvoll verbindet und so Synergien verfügbar macht. Möglich wird das, wenn die Eigenheiten der verschiedenen zu integrierenden Traditionen begriffen sind, und mehr noch, wenn momentane Fähigkeiten als Resultat eines Prozesses verstanden werden. Dabei ist dieser Prozeß, wird er richtig beschrieben, seinerseits in den ihn beeinflussenden Faktoren bestimmbar. Es ist dann zu zeigen, inwieweit nebeneinanderher laufende Traditionen sich verzahnen, wie etwa die Anlagen der einen Linie in die andere rückwirken und dort in den jeweiligen Ist-Bestand des eigenen Gedächtnisses eingebunden werden.[10] Dies gilt nicht nur für die Übersetzungen einzelner Werke bestimmter Kulturen; es gilt auch für den Transfer einer Meßmethode aus dem Bereich der wissenschaftlichen Forschung in die Industrie oder für den Nutzen bewährter Verfahren im Kontext neuer, im alten Umfeld noch nicht einmal angedachter Anwendungen. So zeigt etwa eine Darstellung der Färbetechniken der Neuroanatomie des beginnenden 20. Jahrhunderts, daß diese Färbeverfahren durchweg der Phototechnik entlehnt sind. Die Verfahren sind die gleichen, ihre Einbindung jeweils eine völlig andere; auch die Interpretation der Färberesultate durch den Anatomen kann nicht den Handbüchern zur Chemie photographischer Entwicklung des ausgehenden 19. Jahrhunderts entnommen werden.

Können wir hier aber auch, absehend von den Konkretionen momentaner Entwicklungen, Grundbestimmungen formulieren, in denen sich so etwas wie ein Vokabular für eine erweiterte Wissens-Wissenschaft finden läßt?

Analytik Ordnungssysteme in einem sich dynamisch begründenden Wissensgefüge können nicht einfach nur in der Kennung ihrer Anfangs- und Endzustände beschrieben werden. Ihre innere Ordnung ist nur dann zu ermitteln, wenn die Strukturdynamik in ihrer Entwicklung selbst beschrieben werden kann. Dazu müssen wir versuchen, diese Entwicklung nicht nur als eine gradlinige Abstufung von einzelnen Zuständen zu begreifen. Vielmehr beschreiben wir diese Zustände nun in ihrer elementaren Zusammensetzung, um dann aus einem Verständnis der Interaktion der jeweiligen Elemente ein Bild von den möglichen Zuständen eines Systems in der Vernetzung von dessen lokalen und globalen Bedingungen zu gewinnen. In einer entsprechenden Analyse, die die Kontingenz der Elemente in ihrer wechselseitigen Bedingtheit erfaßt, ist noch ein Schritt weiterzugehen: Es gilt, diese Wechselwirkungen in ihrer Dynamik, und über die Darstellung der Dynamik dann die Struktur der Systemevolution selbst aus der Interaktion der sie tragenden Elemente zu beschreiben.

Derart abstrakt mag eine solche Darstellung einfach erscheinen. Allerdings fehlt uns bisher nicht nur eine adäquate Analytik, die es erlaubt, die Struktur einer solchen Dynamik mathematisch zu beschreiben, es fehlen uns auch Vorstellungsbilder und damit griffige Modelle, an Hand deren analytische Verfahren entwickelt werden können. Ziel ist, ein Netzwerk von Bestimmungen in seiner Abfolge und intrinsischen Dynamik zu kennzeichnen.[11] Diese Dynamik bestimmt sich durch die parallel zueinander laufenden lokalen Wechselwirkungen, die über größere Zeitschritte auch wieder global verknüpft sind.[12] Vielleicht führen uns in diesen Vorstellungen jedoch Modelle, die traditionell dazu dienten, Hierarchien von Verknüpfungen darzustellen, in die Irre. Denn tatsächlich finden wir komplexe Überlagerungen von Wechselwirkungen vor. Lokal kann sich dabei in den Verknüpfungen der Elemente so etwas wie ein Schwingkreis von Einflußfolgen etablieren, den wir dann etwa in den oszillierenden Zustandswerten der einzelnen Elemente dieses Schwingkreises abgebildet finden. Diese Oszillationsmuster werden wiederum durch globalere Wirkungen überlagert. Je nach der Periodik dieser Überlagerung können sich einzelne Oszillationswellen aufstauen oder ausdünnen. Aber auch dieses Bild ist noch mehr als unzureichend. Kann es die Dynamik einer Zustandsfolge doch nur in einzelnen Bereichen abbilden und ist so nicht in der Lage, die komplexeren Positionen in den Ereignisfolgen zu erkennen. Das Bild erlaubt uns lediglich, einen lokalen Effekt von Erregungsüberlagerungen darzustellen. Damit ist die komplexe Kinetik nebeneinanderstehender, sich gegebenenfalls erst langfristig miteinander verzahnender Elemente nicht in den Blick gebracht.

Derartige Bilder können also immer nur Momente der Dynamik eines solchen Systems erfassen, zeichnen damit aber bereits bestimmte analytische Ansätze vor, in denen die entsprechenden veranschaulichten Momente der Dynamik untersucht werden. Die Entwicklung der inneren Struktur eines Systems wird damit als Resultat der Vielzahl sich miteinander verzahnender lokaler, und damit zunächst in sich bestimmter Wechselbestimmungen beschrieben.

Sobald diese Dynamik eine größere Anzahl von Elementen umfaßt, sind deren Interaktionen für uns kaum mehr instantan, sondern nur mehr in Addition serieller Teilabfolgen zu beschreiben. Eine solche Darstellung ist aber unzureichend, geht sie doch davon aus, daß sich zumindest in dem betrachteten Zeitraum die Wechselbestimmungen zwischen den Elementen in abgrenzbaren und damit einem von seiten des Beobachters vorstrukturierbaren Bezugsrahmen ereignen, der somit die Matrix für die sich in ihm ereignenden lokalen Wechselwirkungen darstellt. Dies kann aber nicht vorausgesetzt werden.

Die Physik kennt Situationen, in denen sich eine Reihe von Elementen in der Dynamik ihrer Wechselwirkungen gewissermaßen aufschaukelt, die vormalige Zuordnung der Elemente auseinanderreißt, dabei durchmischt und auf diese Weise die lokalen Wechselbestimmungen zwischen einzelnen Teilelementen vollständig umschichtet. Als Beispiel dient das schon bemühte Bild der sich wandelnden Abstandsverhältnisse der Elemente einer Lawine, die in ihrem Absturz durch die Interaktion der Schneekristalle zudem mehr und mehr Elemente mitreißt und so innerhalb kürzester Zeit ihr Gefüge und selbst ihre Gefügeeigenschaften auf komplexe Weise verändert. Zu fragen ist nun, ob und inwieweit sich in dieser Dynamik, in der sich die Relationsgefüge eines entsprechenden Systems fortlaufend neu ausrichten, zumindest temporär Teilräume kennzeichnen lassen, die in engerer Wechselwirkung zueinander stehen. Damit wären Teilbereiche dargestellt, die sich auch über dynamische Phasen hinweg als Einheiten fassen ließen. Es wäre nun genauer zu bestimmen, welche Freiräume in solchen Bereichen zugelassen sind und unter welchen Bedingungen und mit welchen Effekten sie zerplatzen. Dabei besteht das Problem darin, solche Subsysteme nicht einzeln zu betrachten, sondern sie vielmehr a) in der Interaktion der sie konstituierenden Elemente und b) in der Interaktion ihrer Elemente mit den Elementen anderer Subsysteme darzustellen. Die Kontur dieser Teilräume bestimmt sich jeweils in einer Reihung von Momenten – den engeren Wechselbeziehungen ihrer Elemente –, die sich auf diese Weise zumindest in der Kinetik von den Beziehungen anderer Teilräume abgrenzen lassen. So sind diese Kompartimente nur deshalb als Einheiten zu begreifen, weil die Wechselwirkungen in bestimmten Teilräumen des Systems enger sind, so daß sich die Elemente hier in einem Trend entwickeln, der sie von anderen Elementen sondert. Diese stehen aber selbst wieder in Beziehung zueinander und wirken darin ihrerseits als Trend auch auf die Elemente eines anderen Subsystems. Treten dann – etwa über eine längere Reaktionszeit – die Elemente des einen Trends in Wechselwirkung mit Elementen eines anderen Trends, wird sich der jeweilige Trend seinerseits ändern.

Die Elemente des Kompartiments selbst, die rascher interagieren, werden sich vor diesen externen Einflüssen zunächst untereinander austauschen. Auf diese Weise wirken dann die extern eingelesenen Einflüsse auf einen schon etablierten (durch die innere Abstimmung der Elemente angeschobenen) Trend. Dieser Trend ist das Resultat der Interaktion von Elementen, die sich so von ihrem Umfeld absetzen und aus dem Gesamtgefüge zumindest für eine gewisse Zeit auskoppeln.

Diese Entkopplung geschieht jedoch nicht vollständig, da auf die Randzone des Kompartiments auch andere Elemente wirken. Mit einer bestimmten Zeitverzögerung trifft auch deren Wirkung auf jedes einzelne Element des ausscherenden

Teilbereichs. Bedingt durch die Eigenreaktion des Clusters, in das es eingebunden ist, wird dieses nun aber nicht nur nach seinen eigenen Reaktionsvorgaben, sondern über die sich in dieser eigenen Reaktion abbildende Wechselwirkung mit den anderen Elementen des Clusters reagieren. Das Resultat ist eine komplizierte Wirkung, die zudem sehr von den Größenordnungen und den unter Umständen ja auch qualitativ unterschiedlichen Wechselwirkungen mit anderen Elementen abhängt.

Diese Situation ist kompliziert, da auch die Elemente eines etwaigen Umfeldes ihrerseits wieder in Cluster eingebunden sein können. Schließlich definieren sich diese Teilräume ja nicht als fest abzugrenzende Bereiche, sondern bleiben, wenn auch unter Umständen über eine Kaskade von Ereignisfolgen, in das Gesamtsystem eingebunden. Jedes Element ist von einem Wirkungskreis umgeben; diese Wirkungskreise überlagern sich und bringen ein Interferenzmuster hervor, in dem sich Verstärkungen und Abschwächungen von Wirkungen darstellen lassen. Vorstellen kann man sich dies als ein Netz, in dem jeder Knotenpunkt ein Element darstellt, das nun an den es mit den anderen verbindenden Fäden zieht. Jedes dieser Elemente zieht dabei zur gleichen Zeit mit möglicherweise unterschiedlicher Intensität. Im Resultat verschiebt sich das Beziehungsmuster der Elemente; es bilden sich Schwerpunkte, die nun auch gegeneinander verschoben werden können. Zudem sind mehrere sich überlagernde Wirkqualitäten denkbar, die dann die Elemente im Gesamtgefüge positionieren. Dabei ist auch dieses Bild noch zu einfach, geht es doch von einer festen Einbindung der vernetzten Elemente aus. Es wird deutlich, daß eine solche Veranschaulichung nur annäherungsweise weiterhilft.

Das Problem besteht darin, daß wir für eine Vorstellung

dieser Reaktionen wieder auf Bilder angewiesen sind, da sich das Verhalten eines derart komplexen Systems derzeit nicht berechnen läßt. Diese Art von Dynamik müssen wir also erst denken lernen. Dabei wird das Bild noch komplizierter, wenn sich einzelne Elemente in dem dynamischen Prozeß aufspalten und dabei das Gefüge der Wechselwirkungsschichtungen auch quantitativ verändern.

Dieser hier zum Teil wohl eher stammelnd vorgetragene Versuch, sich einem Bild der Dynamik eines komplexen Systems anzunähern, wirkt auf den ersten Blick vielleicht exotisch und alles andere als philosophisch. Expliziert wird lediglich eine Vorstellung, ein in Worte gefaßtes Bild, in dem so etwas wie die Dynamik von Repräsentationssystemen und damit von Wissensordnung gedacht werden kann.

Das Bild selbst hat aber immense Implikationen. Gedacht wird ein Prozeß, wobei klar ist, daß Bilder diesen Prozeß nur in Facetten darstellen können. Wir werden also zumindest mit zwei Problemen gleichzeitig umgehen müssen. Wir denken nicht in definierten Begriffen, sondern in unscharf konturierten Bildern, die so etwas wie ein begriffliches Muster zu umschreiben suchen. Dabei müssen wir die Unschärfe dieser Bilder kommentieren, um zu dem zu gelangen, was wir in ihnen abzubilden suchen.

Wichtig ist festzuhalten, daß es sich nicht um Metaphern handelt. Wollen wir die Bilder präzisieren, um in ihnen das Abgebildete greifen zu können, müssen wir diese umgekehrt aus den von ihnen mitgetragenen metaphorischen Bestimmungen lösen. Wir müssen erkennen, womit wir umgehen, wenn wir nach Begriffen suchen, in denen deutlich benannt werden kann, was sich im Bild nur unklar konturiert.

Abbildungen Wissen läßt sich als Abbildung der Welt in möglichen Handlungsformen fassen. Die Erinnerung an vormals mögliche und schon durchlebte Zustände bildet den Bezugsrahmen für die Bemessung einer solchen Handlungsdarstellung. Wie ist dieses Muster möglicher Beobachtungen nun aber selbst strukturiert?

Die neuen Ordnungen des Wissens sind keine nur numerisch expandierenden Strukturen, in deren Verrechnung neue Zuordnungsmuster vernetzt wurden. Auch die Anschauung des Netzes ist nur eine Hilfskonstruktion. Die vernetzten Ordnungen des Wissens, wie sie sich in den Sucharchitekturen parallel organisierter Systeme darstellen könnten, reichen noch nicht zu, das auszusagen, was wir heute als alternative Ordnungsmuster fassen müssen. Ziel sind vielmehr Zuordnungsgefüge, die sich in ihrer strukturellen Dynamik nicht nur beschreiben, sondern auch einander annähern lassen. Ein offenes System, das in seinem Rückbezug auf etwaige Strukturen nur auf die Temporalität eines im Fluß befindlichen Gefüges von Zuordnungen verwiesen ist, muß sich selbst beschreiben. Eben in dieser Selbstbeschreibung konstituiert sich Ordnung.

FOUCAULT hat in seiner Darstellung der Ordnungen des Wissens genau dieses Moment einer Strukturierung zum Ansatz genommen, um die vorliegenden Beschreibungen in Frage zu stellen.[13] Wenn sich eine Ordnung nur in dem Fluß, in dem sie sich befindet, zu spiegeln vermag, bedeutet das, daß sich die momentanen Konstellationen, die eine bestimmte Zuordnung erlauben, rekursiv festschreiben. Das heißt, daß sich die Dinge auch rückblickend immer in der je momentanen Konstellation ihrer Zuordnung gesehen werden. Alles in Vergangenheit und Zukunft Fernere bleibt auf diese Weise auf die letztlich flüchtige Konstellation des Augenblicks bezogen. FOUCAULT zog daraus den Schluß, vorgegebene begriffliche Ordnungen insgesamt zu verlassen, da in ihnen dem faktischen Verlauf der Geschichte, in der sich die Ordnungen hervorbringen, widersprochen wird.[14] Ihm zufolge formieren sich diese Ordnungen also über einen Zwang, der eben nicht dem Wissen selbst als dem in einem kontinuierlichen Fluß befindlichen wechselseitigen Evaluieren von Deutungszusammenhängen entspricht. Seine erste Lösung zielte deshalb darauf, diese Zwänge aufzulösen und sich in den Fluß des Bestimmens selbst einzubinden.[15] Folge ich dem Ansatz konsequent, wird damit allerdings jede Möglichkeit einer analytischen Positionierung aufgegeben. Der auf diese Weise in Fluß gesetzte Bestimmungsprozeß kennt dann auch keine Geltung im Sinne von über eine Zeitphase hinweg verbindlichen Normen. Diese Normen werden vielmehr von außen gesetzt, und es gilt nur mehr, sie so zu bewerten, daß sie dem internen Bestimmungsgefüge entsprechen.[16]

Diese Situation muß nun aber für eine Gesellschaft, die sich an ihrem Wissen zu orientieren sucht, unbefriedigend erscheinen. Das Wissen wird so dem Fluß offener Bestimmungen überantwortet, in dem es sich nicht wiederzufinden, sondern nur unterzugehen vermag. Zudem unterschätzt ein solcher Ansatz die Konsequenz eines sich auch im freien Fall neu ausrichtenden Ordnungsgefüges. Auch die Evolution der Formen läuft ja nicht frei; ihre Objekte sind nicht einfach nur Momente eines Superorganismus, sondern vielmehr Strukturen, die als Populationen, Arten und Familien zu kennzeichnen sind und hier Größen bestimmbar werden lassen, die in ihren Eigenschaften über ganze Zeitphasen, gegebenenfalls sogar über wechselnde äußere Bedingungen, und das bedeutet über Phasen der Umschichtung ihrer Wirkungsvernetzungen hinweg, stabil bleiben. Diese Stabilität oder auch Inhärenz erwächst aus dem Material, das sich in diesen Einheiten zur Form bringt und in seiner Formung einen Widerstand darstellt, gegen den die Umwelt sich abzugrenzen und der wiederum selbst sich in diese Umwelt einzupassen hat. Das bedeutet faktisch, daß sich Einheiten innerhalb des Strukturgefüges zumindest phasenweise entkoppeln. Damit entstehen Binnenbestimmungselemente, die in dieser Phase aus dem Fluß des Ganzen ausscheren und eine Einheit konstituieren, die ihrerseits auf das Ganze wirkt und rückwirkend das durch sie veränderte Ganze wieder an sich erfährt. Resultat ist eine Segregation des Formflusses, eine Genese von Bestimmungseinheiten, wie sie sich auf analoge Weise in der Sprache, in ihren Aussagen, Begriffstraditionen, ihrer Grammatik und Syntax von Beziehungen ergeben, die wiederum die Zuordnungen von Sprache, Handlung und Erfahrung darzustellen erlaubt. In dieser Differenz von Erfahrungs-, Sprach- und Handlungsraum binden sich verschiedene Ordnungen des Wissens ineinander.

In ihren Überlagerungen festigen sich Realitäten. Bestimmungen, die auf diese Weise nicht einfach nur in den Fluß des Diskurses geworfen sind, sondern die sich etwa als die Widerstände einer Handwerkstradition bestimmen lassen, die vielleicht überhaupt nie in Schrift und vielleicht nur im Ansatz in Sprache überführt wurden, zeigen, daß es eben nicht allein das Umgarnen sprachlicher Bestimmtheiten ist, in denen sich das zur Geltung bringt, worum es uns geht. Wissensordnungen sind damit nicht einfach auf Sprachordnungen zu reduzieren, und es sind auch nicht allein die Muster der Wissenschaften, die unser Wissen strukturieren. Der hier angerissene, sehr viel offenere Zugang zu der Vielfalt der Vergewisserung unseres Tuns, Besprechens und Erfahrens kann also eine Richtung weisen, aus der heraus ein Wissen in *seiner* Ordnungsbestimmung zur Geltung gebracht werden kann. Die Überlagerung der jeweils eigenen Traditionen, die Inhärenz in der Koinzidenz des jeweils anderen Gefüges, festigt Einheiten in den verschiedenen Wissensordnungen. Sie lassen sich dadurch, daß sie mehrfach auftauchen und sich in diesem wiederholten Auftauchen als bestimmbar erweisen, als nicht einfach konstruierte, sondern als strukturierende Bedingungen aufweisen. Damit sind diese Einheiten im einfachen und naiven Sinne real.

Öffnungen

Kultur-Wissen Kultur ist das vom Menschen Geschaffene, ganz unabhängig von seiner Bewertung als gut oder schlecht, bedeutend oder unbedeutend. Die Wissenschaftsgeschichte hat schon lange gelernt, nicht allein die Schriften von ANTOINE LAURENT DE LAVOISIER (1743-1794) zu preisen, sondern darüber hinaus die von ihm entwickelte Vorrichtung zur Speicherung von größeren Gasmassen, die das Gasgewicht bis auf eine Genauigkeit von 50 Milligramm wiegen konnte, und ähnliche Apparaturen zu beschreiben. Sie hat gelernt und gelehrt, die Vielfalt der menschlichen Tätigkeiten ernst zu nehmen und Kultur somit als das Ganze der dem Menschen möglichen Umgangsweisen zu begreifen.[17] Kultur ist damit eben auch Wissen.

Nun ist eine Kultur auch in der Gesamtheit der so zu zeichnenden Tätigkeiten und Umgangsweisen nicht grenzenlos, sie ereignet sich vielmehr in einer eigens entfalteten Bestimmtheit, die durch kommunikative Strukturen gekennzeichnet wird. In der Kommunikation, vergangener wie gegenwärtiger, konstituiert sich eine Gesellschaft. Sie stiftet ein Netzwerk von Zuordnungen, in dem sich jedes Gespräch bewegt. Die Gesamtheit der sich in den Kommunikationsstrukturen bildenden Erinnerung sowie der sich im aktuellen Kommunizieren konstituierende Rahmen einer Gesellschaft bilden deren Kultur.[18] Kommunikation ist dabei nicht eingegrenzt auf Sprache, sondern wird im obengenannten Sinne als umfassende Zuordnung aller gesellschaftlich bestimmten Elemente durch die verschiedenen Kommunikationsschichtungen hindurch begriffen. In diesem Sinne kommt gerade den Medien, die eine Idee, und damit einen Komplex vormaliger Handlungen, in dem sich ständig variierenden Gefüge der Kommunikationen archivieren und kanalisieren, eine besondere Bedeutung zu.

Kultur ist damit in ihrer Essenz ein Kommunikationsgefüge. Dieses Gefüge verfügt strukturell über ein Gedächtnis.[19] Fixiert ist dieses Gedächtnis zumindest in seinen wesentlichen Teilen in der Sprache einer Kultur. Die begrifflichen Bestimmungen des kulturellen Wahrnehmungsgefüges fixieren Wert- und Erfahrungszusammenhänge, begreifen Objekte und konstituieren in dieser so gefundenen Repräsentation von Welt eine konsistente Struktur von Verweisungsmomenten, in der sich das Wissen einer Kultur zur Geltung bringt. Da sich in der Sprache die Objekte bestimmen, mit denen eine Kultur operiert, sind in dieser Sicht eben auch die Objekte einer Kultur sprachlich bestimmt. Damit ist nicht gemeint, daß die Objekte sprachlich konstituiert werden. Bestimmt wird in der sprachlichen Vermittlung jedoch, was von einem Objekt in der Kultur wahrgenommen und wie mit ihm umgegangen wird. Das bedeutet jedoch nicht, daß Kultur-Wissenschaft schlicht Sprach-Wissenschaft im Sinne einer sich auf das nur Sprachliche beziehenden Wissenschaft ist. Es heißt aber, daß sich über die Sprache, das heißt in einer durch ihre Formen normierten Reflexion, eine Vielfalt von Handlungen in ein einheitliches Beschreibungsgefüge zurückblenden läßt. Die Kultur als die Gesamtheit aller

Handlungen fällt in dieser ihr möglichen sprachlichen Vermittlung also nicht auseinander. Das ergibt einen wichtigen Ansatz
für die retrospektive Analyse einer Kultur. Ist doch in den
sprachlichen Fixierungen die Kultur vergleichsweise umfassend
rekonstruierbar.

Dabei reicht es freilich nicht, die Analyse auf das rein Sprachliche einzugrenzen. Aufzuweisen sind zugleich die Konventionen dieser Sprache und die Konventionen ihres Bezuges auf
außersprachliche Momente. Damit ist die in der Kontextualität
des Sprachlichen nicht vollständig abgebildete Semantik einer
Kultur zu bestimmen.[20] Die Analyse muß zur Sicherung des in
der Sprache Vermittelten über die Sprache hinausgehen und
Praktiken, Umgangsweisen und Artefakte in die Betrachtung
mit einbinden. Dennoch bleibt über die Rekonstruktion der
sprachlichen Vermittlung all dieser Praktiken und Umgangsweisen die Vielfalt der Analyseansätze in einem kulturwissen-
schaftlichen Vorgehen aufeinander beziehbar.

Die Kultur definiert sich demnach in der Repräsentation des
auf diese Weise umfassend beschriebenen Wissens. Bei diesem
Wissen handelt es sich nicht nur um eine spezifische Aneinanderreihung von Informationen. Wissen ist mehr: Es ist die
Formation, in der diese Informationen überliefert werden,
und es ist die Form ihres Formierens, in der sie als Momente
einer Kultur wirksam werden. Wissen ist insofern nicht einfach
nur ein Dokument, es ist immer schon Praxis. Es ist nicht
schlicht zu registrieren; vielmehr setzt es den Rahmen der Verfügbarmachung fest, in dem ein registriertes oder neu aufge-
nommenes Signal in den Kontext einer Kultur gestellt wird.
Das Einzelne ist damit immer auf das Ganze bezogen, aus dem
heraus es interpretiert wird, wie es sich umgekehrt in seiner
Wirkung auf das kulturelle Ganze Kontur verleiht.

Kognition – das wird hier deutlich – ist von Kultur nicht zu lösen. Kognition ist eine jeweils historische Bestimmung, in der die Ausprägung einer Kultur dokumentiert und insofern der geschichtliche Rahmen, in dem sich überhaupt erst Wissen finden kann, akzentuiert ist.

Die französischen Enzyklopädisten vor 1800 haben diese Idee einer Identität von Kultur und Wissen in ihrer Enzyklopädie in der vielleicht reinsten Form zum Ausdruck gebracht.[21] Sie setzten die Idee um, daß sich eine Kultur in der Neubestimmung ihres Wissens, d. h. im Aufweis neuer Zusammenhänge, in denen das Altbekannte expliziert werden konnte, neu zu definieren vermag. Ihre Sammlung des Wissens war damit nicht einfach ein Dokument. Es ging nicht allein darum, in den veröffentlichten Bänden der Enzyklopädie das bekannte Wissen angesammelt und greifbar gemacht zu wissen. Wichtig war die Strukturierung dieses Wissens, das nun in seiner alphabetischen Reihung auf sich selbst und nicht mehr auf eine sich in ihm explizierende Ordnung verwies. Wissen war auch schon hier nicht auf die bloße Sammlung des Einzelnen eingegrenzt, sondern der Ordnungszusammenhang, in den sich dieses Einzelne zurückband.

Der Gedanke einer topischen Repräsentation des Wissens war in dieser Enzyklopädie aufgegeben. Es ging in den Artikeln nicht mehr darum, den Ordnungszusammenhang der Begriffe aufzuweisen und daraus dann die zunächst verborgenen umfassenden Bedeutungen eines solchen Zuordnungsverhältnisses herauszustellen, von dem her das Einzelne zu fassen war. Diese neue Enzyklopädie funktionierte anders; sie ordnete ihren Begriffen Bedeutung dadurch zu, daß sie sie mit Informationen unterlegte. Nicht die Beziehung auf das Ganze des Denkens, sondern die jeweils einzelnen Erfahrungen strukturierten das

Wissen. Es galt nun, ein Verfahren zu finden, das es erlaubte, die relevanten Einzelheiten, die zur Beantwortung einer Frage dienlich sein könnten, durch eine raffinierte Systematisierung der Zuordnungsverhältnisse so zusammenzustellen, daß eine möglichst eindeutige Antwort zustande kommen konnte.

Moderne Suchsysteme funktionieren nicht anders. Zu fragen ist nach den Verfahren, die eine solche Zuordnung optimieren, indem sie automatisch die richtigen Antworten auf die den Suchmaschinen gestellten Fragen finden. Gesucht wird dabei nach etwas Bekanntem, auf das etwas Neues zu beziehen ist. Diese Suchmaschinen operieren demnach nicht mit dynamischen, sondern mit statischen Zuordnungsstrukturen. Sie reaktivieren das alte Bild einer *memoria* und einer diese nutzenden Phantasie.[22]

Inwieweit dieses Bild auch für die Moderne wichtige Aspekte bereithält, müssen wir noch diskutieren. Die Anciennität dieses Denkens allein sichert jedoch nicht dessen Geltung. Ein Blick auf diese statische Sicherungsfunktion muß allein schon aus dem Grund skeptisch machen, daß sie in den Ansätzen einer naturwissenschaftlich getragenen Analyse merkwürdig befremdend wirken würde, zumal mit den so gefundenen operativen Qualitäten unserer Vorstellung von Kognition notwendigerweise auch konzeptionelle Desiderate mit zu vermitteln waren.

Auch die Idee, die so möglichen Verknüpfungen in ihren Zuordnungsfunktionen auszuweiten und Welt auf diese Weise in der Totalität der möglichen Bezüge zu bannen, muß vor dem Hintergrund der vorab skizzierten topischen Wissenskonzeptionen zunächst befremden. Wird hiermit doch eine alte, theologisch motivierte Idee in das Bild der Netzwerke, das die neuen Konzepte nutzen, eingewoben. Das Theater des Wissens, das GIULIO CAMILLO vor 1600 als ein komplexes Assoziationsgefüge skizzierte,[23] ist eine der frühen, auch operativ strukturierten Umsetzungen dieses Gedankens einer umfassenden Vernetzung von Begriffszuordnungen und deren Kommunikation. Das zu Wissende ist hierbei in einem Raum angeordnet; es bestimmt sich aus den Relationen der in diesem Raum vorhandenen Entitäten zueinander. Die wechselseitigen Zuordnungen eines solchen Nebeneinanders sind dann miteinander abzustimmen. So wäre zu überprüfen, inwieweit der Cyberspace als die Matrix, in der sich derartige Assoziationsgefüge auch für die Moderne geltend machen lassen, mehr präsentiert als eine numerisch erweiterte Version des damaligen Assoziationstheaters und dessen spätere analytische Fassung durch einen Jesuiten wie KIRCHER in seiner *Ars magna sciendi*.

Formalisierungen

Piktogramme

Vernetzungen In der neuen Vorstellung einer Vernetzung scheint es möglich, die reklamierte Dynamik offener Wissenssysteme einzuholen. Vernetzt scheint heute selbst die Schlacke vormaliger Wissensbestände zu neuem Leben zu erwachen. Im Netz verbunden ist das Einzelne in einen Bezug gesetzt, der es aus einer Vielfalt von Elementen als Moment eines Ganzen zu benennen scheint. Dabei sind die Netze gerade in der Biologie in ihren Bestimmungen oft so verwoben, daß sie ein eigenes Ganzes, einen Superorganismus, vorzustellen scheinen, dessen Elemente zwar in kausalanalytischen Verfahren charakterisiert werden, in diesen Verfahren aber als Elemente von Ganzheiten angesprochen sind. Im Netz ist so das Einzelne als Moment einer umfassenden Entität darzustellen. Doch sind diese Netze alte Vorstellungsbilder. Wir hatten sie schon im Bestand der barocken Universalwissenschaften auffinden können. Hier repräsentierten sie die Statik eines Begriffsgefüges, das in seinen relationalen Bezügen Bedeutung gewann. Dynamik und damit begriffliche Unbestimmtheit waren gerade dadurch ausgeschlossen, daß sich dieses Netz in seinen Knoten definierte. Heute gibt uns das gleiche Bild ein Abbild von Dynamik. Damit erwachsen zumindest in einer vordergründigen Sicht Probleme.

Auch heute erscheint der bloße Befund (das Datum) dadurch, daß er in ein Bestimmungsnetz eingebunden ist, als Teil eines Wissenssystems. Seine Bestimmung erhält er in seiner Vernetzung. Dieses Netz ist nun – zumindest vom Vorstellungsansatz her – kein mathematisches/begriffliches Konstrukt, sondern eine physikalische Entität. Darin ist das Netz mehr als eine Folge in sich verdichteter Bestimmungen. Gedacht ist es vielmehr als Überlagerung einer Vielfalt von Kausalreihen. Deren im Begriff der Vernetzung mitgedachte Wechselwirkungen scheinen die einfache Sequenz kausalanalytisch zu rekonstruierender Folgen in eine neue Dimension zu heben.

Dabei sind nun auch Netze in ihrem als Überlagerung einer Vielfalt von Wechselwirkungen begriffenen Verhalten nicht vollständig analytisch zu beschreiben. Nur das Modell und die Simulation erlauben es, die Reaktionsbreite eines Netzes höherer Größenordnung abzuschätzen. Damit gewinnt das Netz gerade aus der Unbestimmtheit seiner Reaktionen eine Lebendigkeit, die es als neues Darstellungsmuster für dynamische Wissensordnungen ins Spiel bringt.

Dabei steht die Vorstellung des Netzes – wie gezeigt – in der Tradition von Wissensrepräsentationsmodellen, die auf die statischen Gefüge einer topischen Wissensorganisation zurückweisen. Dies sind die Modelle, nach denen sich im Wissen der Ordo der Welt widerspiegelt. Im Bild des Netzes sind somit – wie schon beschrieben – alte Vorstellungen der vormaligen Topik bemüht, in der ein System aller möglichen Sätze über die Welt in der inneren Ordnung des Geistes abzubilden war. Für diese Topik galt es nur mehr das Scharnier zu finden, die Totalität der möglichen Sätze in eine Ordnung zu bringen, in der die Welt schlüssig repräsentiert war. War diese schlüssige Ordnung gefunden, konnte jede Einzelheit in dem Gefüge dieser Welt bestimmt und in eine erfolgversprechende Handlung umgesetzt werden. Nichts anderes tun auch unsere Expertensysteme. Ihr Problem ist bisher jedoch, nur Aspekte einer Welt verfügbar zu haben. So ist dann auch sehr genau zu definieren, für welchen Bereich die entsprechenden Systeme Geltung beanspruchen können, das heißt, welche Bereiche die in ihnen aufgespannten Netze durchmessen.

Unabhängig von den historischen Vorgaben scheint das Bild des Netzes jedoch eine Eigenheit des Naturalen abzubilden, die die Statik der alten Denkgefüge aufbricht. Schon KANT forderte, die Bestimmung der Gefügtheit der Welt über die Wechselwirkungen des Gegebenen aufzulösen. Das Bild des Netzes scheint dieser Vorstellung nahe zu kommen.

Netze umfassen das Vereinzelte. Der in postmoderner Luzidität in sich versunkene Fachgelehrte erwacht vernetzt genauso zu neuem Leben wie der eigentlich schon veraltete Computerbestand einer mittelständischen Firma, der nun, online verbunden, das, was als Einzelnes allen bekannt war, als neu zu beschreiben erlaubt.

Netze, die ursprünglich dazu genutzt wurden, einzufangen, einzuspinnen, und ruhigzustellen, gewinnen in der neuen Form der sich darstellungstechnisch ständig überholenden Moderne des 21. Jahrhunderts eine eigene Bedeutung. In ihnen scheint sich die Dynamik ein Gesicht zu geben, die in den Reihenanalysen der klassischen *Sciences* schon längst obsolet geworden war. Somit scheint ein Ausweg gefunden aus dem schon zu Beginn des 19. Jahrhunderts so heftig gescholtenen Diskursiven.

Die Einsicht in die Tatsache, daß wir in unserem sprachlich geleiteten Denken Dinge immer nur sukzessive, der Reihe nach, abzuarbeiten haben, führte schon um 1800 zu Versuchen, das Ganze dieser Reihe in Szene zu setzen. Es galt unmittelbar anzuschauen, was sonst nur in der Sequenz der Sätze zu umschreiben war.

»Intellektuelle Anschauung« war das Zauberwort für ein Verfahren, das es erlaubte, die innere Bestimmtheit dessen, was im Denken sonst nur mühsam rekonstruiert werden konnte, direkt und unmittelbar vor das innere Auge zu bringen. Die Vernetzung des Denkens, die heute in den verschiedenen Disziplinen die Niederreißung der Grenzen einer rein sequentiellen Bestimmung verspricht, führt in ganz ähnliche Bereiche. Das parallele Abarbeiten einer sonst nur in einer langen Aussagenkette verfügbaren Darstellung – das heute weniger die umständlichen Beschreibungen eines Wissenschaftlers als vielmehr das sequentielle Abarbeiten eines klassisch programmierten Computers meint – verspricht hier ähnliches.

Das Netz, die Verbindung autonomer Einheiten (der sogenannten Knoten), stellt der Informatik damit eine neue Art der Berechnung zur Verfügung. Es gilt nicht mehr – wie in der vielgerühmten TURING-Maschine – eine nahezu unendliche Sequenz einzelner Bestimmungen in einem langwierigen Verfahren abzuarbeiten.[1] In der parallelen Notation instantan auf ein ganzes Ensemble von Verarbeitungseinheiten geschickt, wird die Sequenz der Folgen komprimiert auf ein Konzert der Interaktionen. Problematisch an diesem Verfahren ist nur, daß die Aufgaben, die diese Berechnung ermöglichen, auf dieses Ensemble verteilt werden müssen, bevor überhaupt berechnet ist, was in der entsprechenden Darstellung für Reaktionen erfolgen. Die hier entstehende Dynamik muß also kontrolliert werden. Das gelingt entweder dadurch, daß nur ein bestimmter Typ von Aufgaben zugelassen wird, oder so, daß nach der Berechnung das Erreichte noch einmal durch ein klassisches, die logische Sequenz abarbeitendes Verfahren kontrolliert wird.

Wie sieht dies nun etwa in der Biologie aus, die schon in den sechziger Jahren in den komplexen Modellen der Biochemiker die Formen des Lebendigen in ihrer engen Verzahnung aufgewiesen hatte? Netze sind auch hier Darstellungsweisen, in denen sich nach der Vorstellung einer nicht mehr sequentiell, sondern vielschichtig arbeitenden Wissenschaft das Leben selbst darzustellen scheint.

Dabei tat sich die Biologie bis in die Mitte des 20. Jahrhunderts noch schwer mit solchen Vorstellungen. Die auf die Mechanik von Funktionsabläufen zielende Physiologie, die in ihren Instrumentarien nur die Sequenz von Kausalabfolgen, nicht aber die Koinzidenz von Ereigniskomplexen zu sehen erlaubte, gab Denkmuster vor, die im metaphorischen Sprachgebrauch der Einleitungen und Vorworte ein neues Gesicht erhielten. Doch auch hier wurde in der Vorstellung des Netzes etwas ergriffen, das beherrschbar, technisierbar erschien. Es waren zum einen die Bilder der frühen Telegraphenlinien, die nicht nur für die Neurobiologen vorzuzeichnen schienen, was Vernetzungen auszeichnete: die Vielfalt nebeneinanderher laufender, sich dabei überlagernder, aber im Prinzip sequentiell zu erfassender Wirkschichtungen. Netze bleiben so etwas Festes. Etwas, das im Denkmuster sukzessive abzuarbeitender Aneinanderreihung darstellbar war.

Netze, das zeigte sich dann auch schnell in den bemühten mathematischen Verfahren, beschrieben Verknüpfungszustände, in denen zwar das eine auf das andere wirkte, diese Wirkfolge aber letztlich in ein Neben- und Nacheinander auflösbar war. So gleichen die frühen Bilder von Systembeschreibungen der Biologen einfachen Diagrammen, in denen die Knoten eines entsprechenden Gefüges einfach aufzulösen waren.

Beschrieben wurde in der Systemtheorie zunächst eine Art Bassin, in das zwar von verschiedenen Seiten etwas hineinläuft, dessen einzige Reaktion jedoch darin besteht, überzulaufen. Schwellenfunktionen erlaubten dabei, die Vielfalt der Wechselwirkungen in einfachen logischen Diagrammen zu fassen. Bei den einfachen Systemvorstellungen, die etwa JAKOB JOHANN VON UEXKÜLL (1864-1944) in den zwanziger Jahren in seiner Theoretischen Biologie nachzeichnete, handelte es sich letztlich um sequentiell abzuarbeitende Gefüge von Reaktionen.[2]

Vernetzungen blieben für die Biologen zunächst etwas Festes. Die Bilder, die nur wenig später die Ökologen benutzten, etwa die einer sich in der Vernetzung entfaltenden Nahrungskette (beide Begriffe bleiben hier nebeneinander bestehen), weisen eine Verzahnung auf, die eine zunächst stabilisierende Funktion hat. Es werden nicht Rückkopplungen, sondern Hierarchien abgebildet, die sich allerdings im Bild des Netzes, was die Zuordnung der Ebenen betrifft, flexibilisieren. Für die analytische Beschreibung wird dann aus der Vielfalt der Vernetzungen ein bestimmtes Moment herausgelöst und in seinen Reaktionen bezogen auf definierte Veränderungen anderer Teilbereiche beschrieben. Aufgewiesen wird so ein Gefüge von Reaktionen, in denen zwar eine Vielfalt von dynamischen Prozessen abgebildet scheint, deren Dynamik jedoch statisch gebrochen wird: Das Netz, in dem sich all dies ereignet, gibt einen Rahmen vor, in dem die Vorstellungen eben nicht frei fluktuieren, sondern gefangen bleiben. Interessant ist, und das ist an der Biologie zu demonstrieren, daß das für vermeintlich dynamische Zustände geborene Bild der Vernetzung letztlich auch heute noch erlaubt, das zu tun, wozu die Fischer der früheren Jahrhunderte das Netz ursprünglich hergestellt hatten: dazu, etwas einzufangen und festzuzurren.

Das Netz hat daher zugleich etwas Beruhigendes: In ihm ist die Dynamik einer frei laufenden Evolution bei sich. Das ungestüme Leben bleibt in sich bestimmt. Die Vielfalt interagierender Bestimmungen löst sich im Bild des Netzes in eine Folge von Knoten auf, die zu entwirren sind. Netze sind zu knüpfen und ebenso auch zu lösen. Netze erlauben es, etwas einzufangen und so in sich zu bestimmen. Sie sind das vermeintlich dynamische Modell einer letztlich statisch denkenden Biologie. Dies ist die eigentliche und in näherer Hinsicht problematische Dimension der Metaphorik des Netzes.

Für den Biologen schien diese Metaphorik in der Zeichnung der Vielfalt von Einzelfaktoren genau das abzubilden, was die Reaktionen des Physischen lebendig machte. Nicht mehr das Nacheinander von Ursache und Wirkung, sondern ihr sich verzahnendes Nebeneinander ist das Leben.

Stufungen   Schön wäre es, auf diese Weise eine Stufung von Komplexitäten abgebildet zu finden, in der das alte Vorstellungsgefüge eines sequentiellen Denkens zuletzt doch beibehalten werden kann. Es ist dann nicht mehr die einzelne Sequenz, es sind deren Überlagerungen, die wir betrachten. So halten sich durch das vernetzte Gefüge hindurch die alten Ursache-Wirkungsfolgen fest, die es zu analysieren gilt. Man kann auf diese Weise modern und dynamisch letztlich in den alten Mustern stochern.

Das ist verfänglich, zumal uns die Technik mit ihren Informationsflußmodellen hier Instrumente an die Hand gab, die gerade die Biologen eifrig aufgriffen. Es ist nicht nur die Verdrahtung des Gehirns, die in den Telegraphenleitungen des ausgehenden 19. Jahrhunderts ihr Vorbild hatte. Es ist die Idee eines Lebensprozesses, der einfach als chemische Reaktion plus Information nachzuzeichnen war, und Information fließt in technischen Systemen ohnehin in Netzen. Was lag also näher, als das System des Netzes auf das Biologische abzubilden? Was aber war dann in diesem Bild festgehalten?

Vorsichtig machen sollte ein Blick auf die Geschichte, in der Netze – wie angedeutet – als Instrumente einer statisch operierenden und eben nicht evolutiv fundierten Wissenschaft ausgewiesen wurden. Das Netz ist das Bild, in dem sich die Komplexität einer auf Vollständigkeit zielenden barocken Universalwissenschaft wiederfand. Es ist das klare Schema einer Weltbühne, das im Barock nicht nur die Architektur, sondern auch die Vorstellungen der Repräsentation von Wissen leitete. Wissen konstituierte ein Gefüge von Relationen, in denen Wechselbestimmungen abzubilden und zu bestimmen waren: Es konstituierte sich in der Topik möglicher Bestimmungen.

Ein Ding ist in diesem Netz nicht nur einfach da, es ist in seinem Dasein relational bestimmt. Es ist durch seine Verortung, d. h. durch die in seiner Position offenkundigen Beziehungen zu all dem anderen, klassifiziert. Sicher ist auf diese Weise nicht die Vielfalt der empirischen Bestimmungen, sondern die Position eines Befundes im Gesamtzusammenhang der möglichen Urteile einer Wissenschaft. Hierzu ist die Vielfalt der überhaupt möglichen Bestimmungen eines Begriffes abzubilden, um dann in einer nachvollziehbaren Eingrenzung der auf einen Begriff anzuwendenden Bestimmungsverhältnisse die Positionierung eines Befundes im Gesamtzusammenhang des uns möglichen Wissens darzulegen.

Kombinatorik   In dem skizzierten, aus dem 14. Jahrhundert stammenden Denken einer christlich-theologisch adaptierten Kabbala galt es, dieses Wissen aus der Kombination der dem Denken möglichen Bestimmungen gleichsam mechanisch zu gewinnen. Es gab eine Möglichkeit, die Vielfalt der in einem Bestimmungsgefüge vorhandenen Kombinationen zweifelsfrei als Bestimmungen eines sich an den Einzeldingen eben nur exemplifizierenden Denkens zu deuten. Wissen ist so die Vielfalt der Ordnungsgefüge einer Vielzahl uns möglicher Sätze. Ausgewiesen werden kann auf diese Weise nicht nur, was für uns zu denken möglich ist, sondern auch, inwieweit wir uns einer Erfahrung sicher sein können.

Es ist kein weiter Schritt, um von dieser Klassifikation des uns möglichen Wissens zu einer Bestimmung der uns einsichtigen Formen des Wissens zu gelangen. Daher ist die Idee einer natürlichen Systematik die leitende Bestimmung einer topischen Organisation der Formen. Die so in ihrer wechselseitigen Ordnung zueinander gesetzten Bestimmungen bilden einen Ausfluß des alten, oben skizzierten Ordnungsdenkens. Hier wird das Netz (das Bild einer Vernetzung möglicher Urteile) ersetzt durch die Darstellung eines Tableaus, das in seinem Nebeneinander nur mehr die Knoten in ihren Resultaten, aber nicht mehr die Bestimmungen des in sich gefangenen Gefüges von Ordnungsverweisen zur Darstellung bringt.[3]

Das Netz selbst fanden wir bereits kurz zuvor in einer schon bildmächtigen Form zur Geltung gebracht. ATHANASIUS KIRCHER hat in seiner *Ars magna sciendi* um 1660 dieses Bild nicht nur en passant genutzt, sondern mehrfach dargelegt, das für ihn das Netz das adäquate Modell einer Darstellung der relationalen Bestimmung des Wissens sei. So findet sich als Frontispiz des zweites Bandes seiner *Ars magna sciendi* die merkwürdige Fusion eines Wissensbaumes, der in der Genealogie seiner Bestimmungen ausweist, wie sich die Vielfalt der Setzungen in einer Hierarchie von Formbestimmungen abbildet. Die Darstellung zeigt einen Baum mit einem Netz von Bestimmungszuordnungen. Klar ist, daß zwar in den äußeren Gefügen möglicher Urteile eine Aussagenfolge spezifiziert zu werden vermag, im inneren Bereich der möglichen Bestimmungen erscheint diese Form der Zuordnung jedoch offen austauschbar und damit vernetzt. In diesem Netz hat jedes Ding seine Position, nur ist im Gefüge der Bestimmungen keine Hierarchie und erst recht keine Folge von Spezifikationen erkennbar, die ja erst die Folge einer festen Bestimmung des zu Spezifizierenden sein können.

Für KIRCHER ist das Netz in seiner umfassenden Wechselbestimmung ein Netz möglicher Bestimmungsverhältnisse. KIRCHER gab selbst stolz die Zahl der möglichen Bestimmungen einer Sache an. Es ist eine Zahl, die er die gesamte Seitenbreite eines Oktavbandes einnehmen läßt, um daran zu demonstrieren, daß die so gewonnene Größenordnung unendlich erscheinen mag, aber in ihrer eben nur nahezu unendlichen Dimension dennoch berechenbar und damit bestimmbar bleibt. Das Netz wird hier in der Tat zu einem Instrument, in dem sich eine Sache in der Vielfalt der möglichen Einzelaussagen umgrenzen läßt.

Revisionen

Insofern ist die Perspektive unserer Überlegungen ernüchternd. Sie zeigt uns, daß wir auch in der Moderne an alten Strukturen hängen. Zugleich führt uns diese Einsicht jedoch aus den Strukturen heraus. Sie verschafft uns die Luft, die wir brauchen, um nicht an den Bildern zu kleben, sondern sie so zu wenden, daß wir sie in neuer Weise nutzen können. Die Ordnungen, die wir finden, sind eben nicht die festen Raster des Archivs. Es sind auch nicht die auf ein Telos hin bezogenen Reihen und Hierarchien. Es handelt sich vielmehr um offene, sich in ihren Überlagerungen in sich bestimmende Wechselgefüge. Interessant ist dabei zu sehen, daß wir zum einen an den Bildern festhalten, sie zum anderen in ihren Implikationen in Frage stellen können. Dies können wir aber nicht mit Blick auf eine Analytik, die uns zweifelsfrei aufzeigt, wie hier vorzugehen ist. Eine solche Analytik gibt es nicht; unsere Kritik basiert vielmehr zunächst auf dem Ausloten der Bedeutungen der von uns genutzten Bilder, Modelle und Muster. Spannend ist weiter zu sehen, daß hierbei die Bezüge, die sich in ihnen fangen, quer zu den Disziplinen stehen können. Auf diese Weise läßt sich die Art der Ordnungsvorstellungen demonstrieren, in denen wir unsere Bilder gewinnen. Es gibt eine Mathematik, die uns sagt, was wir in diesen Bilder zeigen können, und es gibt eine Biologie, die uns Beschreibungen an die Hand gibt, die wir mit den Modellen vergleichen können, die wir im Hinblick auf das Beschriebene bisher entwickelt haben. Verstehen bedeutet hier dann wieder die Rückbindung der einen Anschauung auf die andere und der Versuch, zu erfassen, was wir in diesen Verweisen von der einen Tradition in die andere mitnehmen. Das Wissen bildet sich in Zuordnungen, in denen kritisch danach gefragt wird, was an tradierten Mustern vorliegt, welche Aussagen durch diese Muster vorgezeichnet sind und wo sich auf diese Weise Konzepte in die Interpretation der Datenfelder einschleichen, die gar nicht bewußt adaptiert wurden. Wir strukturieren dabei nicht Daten, sondern Vorstellungen und – noch viel wichtiger – Vorstellungsmuster. Wir finden Ordnungen vor, falsifizieren inhärente Bestimmungen, entdecken Teilräume und entwerfen von hier aus ein Ganzes, das uns erlaubt, die Teilräume unserer Weltsichten erneut miteinander zu vernetzen. Es handelt sich um einen kontinuierlichen Bau an der Ordnung von Wissensbestimmungen und um eine Dynamik, die nur im Verweis auf ihre historische Kontingenz zu sichern ist. Dies ist die neue Ordnung des Wissens, die sich – vielleicht nur für einen Moment, vielleicht aber auch auf Dauer – in dieser Dynamik abzeichnet.

Was heißt das für unser Wissen und dessen Ordnung? Netze sind Instrumente, in denen Vielschichtigkeit, wenn auch zunächst nur in ihrer Statik, gefaßt werden kann. Dies zeigt sich in den alten Tableaus der Systematik. Das Nebeneinander öffnet den Blick für das Neue, ist aber nicht selbst schon das Neue. Was am Netz dynamisch ist, ist daher auch nicht das Netz selbst, es sind die sich in ihm verändernden Zuordnungen. Es erlaubt, die Parallelität der Veränderungen zu registrieren und die sie verursachenden Kausalitäten in ihrem eventuellen Nebeneinander aufzudecken. Dynamik zeigt dies jedoch nur in einer ersten Annäherung. Hier kann uns die Geschichte helfen, da sie uns vorsichtig werden läßt im Blick auf die Hierarchien, die Verlagerung von Ebenen und die sich so zusehends steigernde Intransparenz eines Vorgangs, der auch im Netz zur Statik tendiert. Wir gewinnen auf diese Weise eine Negativ-Folie, vor der wir zumindest den Gegenumriß einer Dynamik abbilden können, in der sich die Statik der hier entstandenen Ordnung umgrenzen läßt. Zu zielen ist auf eine umfassendere Bestimmung des Netzes, die diese Ordnung lediglich als einen Relationenraum deutet, der sich in sich, aus den Wechselbeziehungen seiner Elemente, konstituiert und nichts anderes ist als diese momentane Konstellation. Interessieren wird an dieser Ordnung nicht seine Statik, sondern die Austauschbarkeit seiner Einzelreaktionen, das Schwanken der elementaren Bezüge in ihrem jeweiligen Abbild aufeinander. Damit gewinnen wir die Stabilität des Ganzen in den Fluktuationen des Einzelnen wieder. Die so gewonnene Ordnung des Wissens verzichtet damit auf die Statik vorgegebener Bestimmungen und hält sich in der Dynamik eines Prozesses, der sich nur vordergründig im Netz der jeweils momentan greifenden Bestimmungen einfangen läßt.

Damit öffnet sich das Bild der Vernetzung in die Darstellung einer Dynamik, in der die Ordnungen des Wissens als Resultat eines Prozesses, die gefundene Ordnung als Kondensat einer Entwicklung und die Bestimmungen der Wissensordnung als temporär beschrieben werden. Es entsteht so etwas wie das Bild eines sich im Fluß konstituierenden Ordnungsgefüges. Die Physiker kennen dies als den schon mehrmals bemühten Lawineneffekt. Mir scheint das hier gewonnene Bild zumindest in einer ersten Annäherung durchaus auf begriffliche Bestimmungen übertragbar. Es handelt sich um die Konturierung eines Wissens, das sich nicht unablässig neu definiert, sondern in der historischen Genese seiner Bestimmung fortlaufend, aber nicht notwendig in einer Linie, konturiert. Um einen zunächst im Vagen ablaufenden Prozeß von Zuordnungen und Ausgrenzungen, der sich verschärft oder auch korrigiert, ohne doch dabei seine jeweiligen Ausgangsbestimmungen zu leugnen. Es ist diese in der Geschichte der Begriffe und Strukturen nachzuzeichnende Tradierung von Bestimmungen unseres Wissens, die wir in den Konturen unserer sich fortlaufend weiterentwickelnden Sprache ebenso fassen können wie in den sich immer wieder neu bildenden Formen unseren praktischen Umgangs. Das führt nicht in diskursive Unbestimmtheit, sondern in die Artikulation geschichtlicher Bestimmtheit, die gerade in ihrer Offenheit ihre eigentliche Struktur erkennen läßt. Sind diese geschichtlichen Ausprägungen doch in Traditionen eingebettet, die die Bahnen für weitere Entwicklungen mitprägen. Diese sind damit nicht einfach in diskursive Offenheit versetzt, sondern bleiben durch die verschiedenen Schichten ihrer historisch erwachsenen Zuordnungsverhältnisse bestimmt.

Sentenzen

Wissen ist nicht einfach in der Außenwelt aufzulesen. Wir können es uns nicht eintrichtern. Da hilft es auch nicht, die Speicherplätze der Computer zu erweitern oder Information im *world wide web* immer besser verfügbar zu machen. Die technische Umschreibung der Information macht sie noch nicht zum Wissen. Bilder und Modelle, die wir im Netz finden, dokumentieren das, was sie beschreiben nur insoweit, als es schon verfügbar ist. In der Kombinatorik des Bekannten lassen sich Neuigkeiten erzählen, wirklich Neues wird so aber nicht begriffen. Wohl erlaubt uns die neue Technik, sehr viel darauf hin zu sichten, ob es für uns interessant ist. Um diese Masse zu erfassen, sind aber um so festere Raster erforderlich. Die technischen Innovationen der Informationstechnologien ersetzen nicht die Diskussion um die Bestimmungen unseres Wissens, sie machen sie dringlicher.

Geltung kann nicht in Analogien beschrieben werden. Interpretationen sind in Geltung zu setzen. Nun gibt es – wie beschrieben – vordiskursive Verordnungen von Wissen: Dies ist eine Inblicknahme, in der etwas Vages in ein Schema etwaiger Bekanntheiten eingebunden wird, in der noch kein rechtes Raster gefunden ist, in das dieses in den Blick Genommene wirklich hineinpaßt. Wir probieren dann herum, setzen zurecht und gelangen so zu Bestimmtheiten, in denen uns nun, wie es so schön heißt, das vor Augen Stehende in anderem Licht erscheint. So wird Wissen erarbeitet. Es baut auf Tätigkeiten, Verfahren und Strukturen auf. Wissen ist, wie gesagt, nicht Information, sondern interpretierte Information. Interpretation ist nur in einer offenen Ordnung möglich, in der die Rasterung des Bekannten in Frage gestellt wird. Technologien können dies unterstützen, sie können dies aber nicht ersetzen. Es hilft auch nicht, vorgegebene begriffliche Raster festzuschreiben. Das, was ich weiß, muß ich fortlaufend in Frage stellen. Nur so bleibt das Wissen gegenüber neuen Informationen offen, nur so kann es sich über seine Ordnung orientieren.

Die Begriffe, in denen wir das offene Wissen fassen, bedürfen selbst einer Bestimmung. Dabei müssen wir uns klar darüber werden, daß wir nach DARWIN die Naturordnung nicht mehr an den barocken Ordnungsmodellen und den in diesen geprägten Vorstellungen festmachen können. Wir müssen mit der Offenheit der Systeme auch da umgehen lernen, wo wir nach Geltungen suchen. Eine bloß relationale Bestimmung von Geltung führt uns in die Offenheit miteinander verschränkter historischer Prozesse. Die radikale Historisierung auch der Wissensordnungen ist die Konsequenz einer solchen kritischen Inblicknahme unserer Wissenssicherungssysteme. Wissensordnungen sind nicht einfach umzustürzen, sondern neu zu ordnen. Das ist der erste Schritt zu der geforderten Dynamisierung eines Denkens, das sich durch seine Prozessualität bestimmt weiß und somit auch da Sicherheit findet, wo es alte Ordnungen verläßt.

Anmerkungen

Beschreibungen

1 Wissen, Bd. 1-20, Stuttgart 1966-1969.

2 O. Breidbach, »Bemerkungen zu Exners Physiologie des Fliegens und Schwebens«, in: ders. (Hg.), *Natur der Ästhetik – Ästhetik der Natur*, Wien 1997, S. 221-223.

3 O. Breidbach, *Die Materialisierung des Ichs – Eine Geschichte der Hirnforschung im 19. und 20. Jahrhundert*, Frankfurt am Main 1997.

4 U. Hoßfeld, *Geschichte der biologischen Anthropologie in Deutschland. Von den Anfängen bis in die Nachkriegszeit*, Stuttgart 2005.

5 N. Wiener, *Kybernetik*, Düsseldorf/Wien 1963.

6 Vgl. G. Cyranek und W. Coy (Hg.), *Die maschinelle Kunst des Denkens: Perspektiven und Grenzen der KI*, Braunschweig/Wiesbaden 1994.

7 V. Braitenberg, *Vehicles. Experiments in Synthetic Psychology*, Cambridge, Mass./London 1984; vgl. auch B. Rensch, *Neue Probleme der Abstammungslehre. Die transspezifische Evolution*, Stuttgart 1972, S. 356.

8 R. Pfeifer und C. Scheier, *Understanding Intelligence*, Cambridge/London 2000.

9 Vgl. R. Seising, *Die Fuzzifizierung der Systeme*, Stuttgart 2005, S. 1-63.

10 O. Breidbach, »Schelling und die Erfahrungswissenschaft«, in: *Sudhoffs Archiv*, Bd. 88, 2, 2004, S. 153-172.

11 Vgl. W. Neuser, *Natur und Begriff. Zur Theorienkonstitution und Begriffsgeschichte von Newton bis Hegel*, Stuttgart/Weimar 1995.

12 Vgl. O. Breidbach und P. Ziche (Hg.), *Naturwissenschaften um 1800. Wissenschaftskultur in Jena-Weimar*, Weimar 2001.

13 Vgl. J. Burbidge, *On Hegel's Logic: Fragments of a Commentary*, Toronto 1996.

14 Vgl. H. Belting, *Bildanthropologie*, München 2001.

15 R. Fludd, *Utriusque cosmi maioris scilicet et minoris metaphysica, physica atque technica historia: in duo volumina secundum cosmi*

differentiam divisa. Tomus primus. De macrocosmi historia in duos tractatus divisa, Oppenheim 1617.

16 Vgl. O. Breidbach, »Weltordnungen und Körperwelten. Das Tableau des Gewussten und seine Repräsentation bei Robert Fludd«, in: H. Schramm, L. Schwarte und J. Lazardzig (Hg.), *Instrumente in Kunst und Wissenschaft; Zur Architektonik kultureller Grenzen im 17. Jahrhundert*, Bd. II (Reihe Theatrum Scientiarum), Berlin 2006, S. 41-65.

17 O. Breidbach, »Die letzten Kabbalisten, die neue Wissenschaft und ihre Ordnung. Bemerkungen zu den Traditionslinien bio- und neurowissenschaftlicher Forschung«, in: R. Seising, M. Folkerts und U. Hashagen (Hg.), *Form, Zahl, Ordnung. Studien zur Wissenschafts- und Technikgeschichte*, Stuttgart 2004, S. 63-76.

18 Vgl. H. Genz, *Gedankenexperimente*, Reinbek 2005.

19 G. Camillo, *L'idea del teatro dell'eccellentissimo m. Giulio Camillo*, Firenza 1552.

20 Vgl. M. Geier, *Der Wiener Kreis*, Reinbek 2004.

21 W. Coy, *Die Sprache(n) des Internets.* Vortrag auf der Jahrestagung der Österreichischen Forschungsgemeinschaft 2001, Vortrag am 28.10.2000; http://waste.informatik.hu-berlin.de/~coy/Papers/Coy_OeFG_011028.pdf

22 J. Hertz, A. Krogh und R. G. Palmer, *Introduction to the Theory of Neural Computation*, Wokingham 1991.

23 H. Vaihinger, *Die Philosophie des Als-ob*, Leipzig 1911.

24 V. Hösle, *Hegels System*, Hamburg 1988.

25 M. Ghiselin, *The Triumph of the Darwinian Method*, Berkeley 1969.

26 E. Rádl, *Geschichte der biologischen Theorien der Neuzeit.* II. Geschichte der Entwicklungstheorien in der Biologie des XIX. Jahrhunderts, Leipzig 1909.

27 O. Breidbach, *Ernst Haeckel. Bildwelten der Natur*, München 2006.

28 O. Breidbach, »Der Gegenpapst. Über Ernst Haeckels Welt- und Naturanschauung«, in: H. Röder und M. Ulbrich (Hg.), *Welträtsel und Lebenswunder*, Potsdam 2001, S. 19-35.

29 P. Ziche (Hg.), *Monismus um 1900. Wissenschaftskultur und Weltanschauung* (Ernst-Haeckel-Haus-Studien, Bd. 4), Berlin 2000.

30 O. Breidbach, *Goethes Metamorphosenlehre*, München 2006.

31 S. G. Gould, *The Structure of Evolutionary Theory*, Berkeley 2002.

32 T. Metzinger, *Being No One. The Self-Modell Theory of Subjectivity*, Cambridge/Mass. 2003.

33 O. Breidbach, *Deutungen. Zur philosophischen Dimension der internen Repräsentation*, Weilerswist 2001.

34 Vgl. J. Frercks, *Die Forschungspraxis Hippolyte Fizeaus. Eine Charakterisierung ausgehend von der Replikation seines Ätherwindexperiments von 1852*, Berlin 2001.

35 Vgl. hierzu I. Hacking, *Einführung in die Philosophie der Naturwissenschaften*, Stuttgart 1996.

36 Vgl. P. Galison, *Image and Logic. A Material Culture of Microphysics*, Chicago 1997.

37 Vgl. http://www-g.eng.cam.ac.uk/125/achievements/mcmullan/mcm.htm

38 Vgl. I. B. Cohen, *Revolutionen in der Naturwissenschaft*, Frankfurt am Main 1994.

39 O. Breidbach und M. T. Ghiselin, »Lorenz Oken and Naturphilosophie in Jena, Paris and London«, in: *History and Philosophy of the Life Sciences* 24, 2002, S. 219-247.

40 J. Dieudonné, *Geschichte der Mathematik. 1700-1900*, Berlin 1985.

41 Vgl. hierzu O. Breidbach, *Bilder des Wissens*, München 2005.

Kultivierungen

1 P. Ziche, »Von der Naturgeschichte zur Naturwissenschaft. Die Naturwissenschaften als eigenes Fachgebiet an der Universität Jena«, in: *Berichte zur Wissenschaftsgeschichte* 21, 1998, S. 251-263.

2 O. Breidbach, »Monismus um 1900 – Wissenschaftspraxis oder Weltanschauung?«, in: *Stapfia* 56. Ausstellungskatalog »Welträtsel und Lebenswunder«, Oö. Landesmuseum Linz, 1998, S. 289-316.

3 Vgl. P. Blom, *Das vernünftige Ungeheuer. Diderot, d'Alembert, de Jaucourt und die Große Enzyklopädie*, Frankfurt am Main 2005.

4 W. Schmidt-Biggemann, *Philosophia perennis. Historische Umrisse abendländischer Spiritualität in Antike, Mittelalter und Früher Neuzeit*, Frankfurt am Main 1998.

5 C. Flammarion, *L'Atmosphère. Météorologie Populaire*, Paris 1888.

6 S. J. Ersch, und J. G. Gruber, *Allgemeine Encyclopädie der Wissenschaften und Künste*. 167 Bde., Leipzig 1818-1889.

7   W. König, *Künstler und Strichezieher. Konstruktions- und Technik-kulturen im deutschen, britischen, amerikanischen und französischen Maschinenbau zwischen 1850 und 1930*, Frankfurt am Main 1999.

8   N. Rescher, »Die Kriterien der Wahrheit«, in: G. Skirbekk (Hg.), *Wahrheitstheorien*, Frankfurt am Main 1977, S. 337-390.

9   W. Pannenberg, *Problemgeschichte der neueren evangelischen Theologie in Deutschland. Von Schleiermacher bis zu Barth und Tillich*, Göttingen 1997.

10 M. G. Ash (Hg.), *Mythos Humboldt. Vergangenheit und Zukunft der deutschen Universitäten*, Wien/Köln/Weimar 1999.

11 O. Breidbach und S. Poggi, Vorwort. *Jahrbuch für Europäische Wissenschaftskultur* 1, 2006, S. 7-16.

12 P. Ziche, »Von der Naturgeschichte zur Naturwissenschaft«, a.a.O.

13 W. Hogrebe und K. Herrmann (Hg.), *Jakob Friedrich Fries. Philosoph, Naturwissenschaftler und Mathematiker.* Studia Philosophica et Historica, Bd. 25, Frankfurt am Main 1999.

14 T. Bach und O. Breidbach (Hg.), *Naturphilosophie nach Schelling*, Stuttgart/Bad Cannstatt 2005, S. VII-XII.

15 E. F. Apelt, *Metaphysik*, Leipzig 1857.

16 O. Breidbach, *Ernst Haeckel. Bildwelten der Natur*, a.a.O.

17 E. Rádl, *Geschichte der biologischen Theorien der Neuzeit*, a.a.O.

18 Vgl. P. Weingart, J. Kroll und K. Bayertz (Hg.), *Rasse, Blut und Gene. Geschichte der Eugenik und Rassenhygiene in Deutschland*, Frankfurt am Main 1992.

19 Vgl. H. Putnam, *Repräsentation und Realität*, Frankfurt am Main 1999.

20 D. Marr, *Vision*, San Francisco 1982.

21 O. Breidbach und K. Holthausen, »Self-organized feature maps and information theory«, in: *Network: Computation in Neural Systems* 8, 1997, S. 215-227.

22 O. Breidbach, *Das Anschauliche oder über die Anschauung von Welt. Ein Beitrag zur Neuronalen Ästhetik*, Wien/New York 2000.

23 J. Derrida, *Grammatologie*, Frankfurt am Main 1983.

24 T. Leinkauf, *Mundus Combinatus. Studien zur Struktur der barocken Universalwissenschaft am Beispiel Athanasius Kirchers SJ (1602-1680)*, Berlin 1993.

25 M. Foucault, *Überwachen und Strafen*, Frankfurt am Main 1975.

26 B. Latour, *Science in Action*, Cambridge 1987.

27 Vgl. H. Weber, O. Breidbach, K. Heide und H. Grimm (Hg.), *Glas und Elektrizität. Zur Glastechnologie in der Konstruktion der Weimarer Elektrisiermaschine von 1773*. Glass: science and technology. Glastechnische Berichte (im Druck).

28 H.-J. Rheinberger, »Plädoyer für eine Wissenschaftsgeschichte des Experiments«, in: *Theory in Biosciences*, Bd. 116, 1997, S. 11-31.

29 K. Knorr-Cetina, *Wissenskulturen. Ein Vergleich naturwissenschaftlicher Wissensformen*, Frankfurt am Main 2002.

30 E. Florey, »MEMORIA. Geschichte der Konzepte über die Natur des Gedächtnisses«, in: E. Florey und O. Breidbach (Hg.), *Das Gehirn – Organ der Seele? Zur Ideengeschichte der Neurobiologie*, Berlin 1993, S. 151-215.

31 S. Nolfi und D. Floreano, *Evolutionary Robotics. The Biology, Intelligence, and Technology of Self-Organizing Machines*, Cambridge, Mass./London 2000.

32 Vgl. O. Breidbach, *Deutungen*, Weilerswist 2001.

33 H. Gardner, *The Mind's New Science. A History of the Cognitive Revolution*, New York 1985.

34 Vgl. aber R. Reinhardt, *Wissen als Ressource. Theoretische Grundlagen, Methoden und Instrumente zur Erfassung von Wissen*, Frankfurt am Main 2002.

35 F. Pasemann, »Complex Dynamics and the Structure of Small Neural Networks«, in: *Network: Computation in Neural Systems* 13/2, 2002, S. 195-216.

36 A. K. Engel, P. R. Roelfsema, P. Fries, M. Brecht und W. Singer, »Binding and response selection in the temporal domain – a new paradigm for neurobiological research«, in: *Theory in Biosciences*. 116, 1997, S. 241-266; A. K. Engel und W. Singer, »Temporal binding and the neural correlates of sensory awareness«, in: *Trends in Cogn. Sci.* 5 (1), 2001, S. 16-25; E. Rodriguez, N. George, J. P. Lachaux, J. Martinerie, B. Renault, F. Varela, »Perception's shadow: Long-distance synchronization in the human brain«, in: *Nature* 397, 1999, S. 340-343.

37 Vgl. G. Rusch, O. Breidbach und S. J. Schmidt (Hg.), *Interne Repräsentationen – Neue Konzepte der Hirnforschung*, Frankfurt am Main 1996.

38 O. Breidbach, »Internal Representations – A Prelude for Neurosemantics«, in: *The Journal of Mind and Behaviour*, 20/4, 1999, S. 403-420.

39 Ausgehend vor den Vorstellungen Pfaffelhubers hat Günter Palm in den achtziger Jahren eine derartige Surprise-Funktion bestimmt, sie aber noch an der Verteilung der objektiven, nach dem Außenraum zu erwartenden Gegebenheiten gemessen. Dieses Schema kann ich nun erweitern und zugleich den Erwartungshorizont gründlicher differenzieren. In den Bereichen, in denen ich bereits eine Vielfalt von Zuständen intern abbilde, ergibt sich eine differenzierte Landschaft möglicher Zustände, in der sehr genau bemessen werden kann, ob sich etwas Neues in das System einpaßt oder nicht. Die Komplexität des Relationenraumes, in dem sich mögliche Zustände bestimmen, ist also erfahrungsabhängig. Ich muß dabei nicht um die objektiven Bestimmungen dieser Relationen wissen; es reicht, wenn ich die Komplexität als solche erfasse. Eine Information, die sich in diesen Teilbereich des Binnensystems einliest, ist auf diese Weise in bezug auf vorgegebene Repräsentationsmuster präzise zu bestimmen.

40 O. Breidbach und J. Jost, »On the gestalt Concept«, in: *Theory in Biosciences* 125, 2006, S. 16-36.

41 Diese Idee wurde in Verfahren getestet, die die medizinische Diagnostik erweiterten. Es ging darum, ob sich in einem entsprechenden System Gestalterkennung derart operationalisieren läßt, daß nicht mit vorgegebenen Kategorien gearbeitet wird, sondern sich das System die Gestalterkennung in einem automatisierten differentialdiagnostischen Prozeß selbst antrainiert. So konnten wir beim frühkindlichen EEG pathologische und »normale« Zustände unabhängig von irgendwelchen vorgegebenen Reifeparametern definieren; vgl. K. Holthausen, O. Breidbach, B. Scheidt, J. Frenzel, »Clinical relevance of age-dependent EEG signatures in the detection of neonates at high risk for apnea«, in: *Neuroscience Letters* 268, 1999, S. 123-126.

Demonstrationen (historische)

1 F. Duchesneau, *Leibniz et la Méthode de la Science*, Paris 1993.

2 T. Leinkauf, »Der Lullismus«, in: H. Holzhey und W. Schmidt-Biggemann (Hg.), *Grundriss der Geschichte der Philosophie*. Bd. 4: Das Heilige Römische Reich deutscher Nation. Nord- und Ostmitteleuropa, Basel 2001, S. 239-268.

3   F. A. Yates, *The Art of Memory*, London 1966.

4   Vgl. S. Krämer, *Berechenbare Vernunft. Kalkül und Rationalismus im 17. Jahrhundert, Berlin/New York* 1991; F. A. Yates, *Lull & Bruno*. Collected Essays, Vol. I, London/Boston 1992.

5   R. Fludd, *Microcosmi historia. Tomus secundus de supernaturali, naturali, praenaturali et contranaturali microcosmi historia in tractatus tres distributa*. Tomi secundi. Tractatus Primi, Oppenheim 1619, S. 55.

6   O. Breidbach, »Zur Repräsentation des Wissens bei Athanasius Kircher«, in: H. Schramm, L. Schwarte und J. Lazardzig (Hg.), *Kunstkammer, Laboratorium, Bühne. Schauplätze des Wissens im 17. Jahrhundert*, a.a.O., S. 282-302.

7   P. Rossi, *Clavis universalis. Arti della memoria e logica combinatoria da Lullo a Leibniz*, Bologna 1983.

8   A. Kircher, *Ars magna lucis et umbrae… in mundo, atque adeo universa natura, vires effectusque uti nova, ita varia novorum reconditiorumque speciminum exhibitione, ad varios mortalium usus, panduntur*, Rom 1646.

9   J. H. Alsted, *Encyclopaedia omnium scientiarum septem tomis distincta*, Herborn 1630.

10 J. H. Alsted, *Clavis Artis Lullianae et Verae logices Duos in Libellos Tributa*, Straßburg 1609.

11 O. Breidbach, »Oken in der Wissenschaftsgeschichte des 19. Jahrhunderts«, in: O. Breidbach, H.-J. Fliedner und K. Ries (Hg.), *Lorenz Oken (1779-1851). Ein politischer Naturphilosoph*, Weimar 2001, S. 15-32.

12 P. Findlen, *Possessing Nature: Museums, Collections, and Scientific Culture in Early Modern Italy*, Berkeley/Los Angeles/London 1994.

13 D. Diderot und J. L. d'Alembert, »Explication détaillée du système des connaissances humaines«, in: dies. (Hg.), *Encyclopedie ou dictionnaire raisonné des sciences, des arts et des métiers, par une société de gens de lettres*. Nouvelle édition, Genf 1777, S. LXXVIII-LXXXVIII; vgl. M. Authier und P. Lévy, *Les Arbres de Connaissances*, Paris 1992.

14 U. Eco, *Einführung in die Semiotik*, Stuttgart 2002.

15 E. B. de Condillac, *Abhandlung über die Empfindungen*, Hamburg 1983.

16 Vgl. Rusch/Schmidt/Breidbach (Hg.), *Interne Repräsentationen*, a.a.O.

17 C. E. Shannon und W. Weaver, *The Mathematical Theory of Communication*, Urbana 1949.

18 Vgl. H. Holzhey und W. Schmidt-Biggemann (Hg.), *Die Philosophie des 17. Jahrhunderts*, Bd. 4, 2, Basel 2001, S. 995-1139.

19 A. Grote (Hg.), *Macrocosmos in Microcosmo*, Opladen 1994.

20 O. Breidbach, »Weltordnungen und Körperwelten. Das Tableau des Gewussten und seine Repräsentation bei Robert Fludd«, in: Schramm/Schwarte/Lazardzig (Hg.), *Instrumente in Kunst und Wissenschaft*, a.a.O., S. 41-65.

21 F. W. J. Schelling, *Über das Wesen der menschlichen Freiheit* (1809), Reutlingen 1834.

22 Vgl. J. M. Clark, *The Great German Mystics*, New York 1970; O. Davies, *God Within: The Mystical Tradition of Northern Europe*, London 1988.

23 Vgl. S. Müller-Wille, *Botanik und weltweiter Handel*, Berlin 1999.

24 A. Scilla, *La vana speculazione disingannata dal senso*, Neapel 1670.

25 T. Macho und A. Wunschel (Hg.), *Science & Fiction. Über Gedankenexperimente in Wissenschaft, Philosophie und Literatur*, Frankfurt am Main 2004.

26 D. C. Dennett, *Consciousness Explained*. London/New York 1991.

27 Vgl. auch P. M. Churchland, *A Contemporary Introduction to the Philosophy of Mind*, Cambridge/Mass. 1984.

28 O. Breidbach, »The origin and development of the neurosciences«, in: P. K. Machamer, R. Grush und P. McLaughlin (Hg.), *Theory and Method in the Neurosciences*, Pittsburgh 2001, S. 7-29.

29 Vgl. S. Finger, *Origins of Neuroscience*, Oxford/New York 1994.

30 Vgl. H. Bredekamp und P. Schneider (Hg.), *Visuelle Argumentationen. Die Mysterien der Repräsentation und die Berechenbarkeit der Welt*, München 2006.

31 Vgl. J. Jost, »On the notion of complexity«, in: *Theory in Biosciences* 117, 1998, S. 161-171.

32 Vgl. Computer Science and Telecommunications Board (1999); Being Fluent with Information Technology. Washington; F. Gallegos, *Information Technology Control and Audit*, Washington 2004.

33 G. L. Linguiti, *Macchine e pensiero. Da Wiener alla terza cibernetica*, Milano 1980.

34 R. V. L. Hartley, »Transmission of Information«, in: *Bell Syst. Tech. J.* 7, 1928, S. 535-563.

35 C. E. Shannon, *The Mathematical Theory of Communication*, a.a.O.

36 R. Linsker, »Perceptual neural organization: Some approaches based on network models and information theory«, in: *Annu. Rev. Neurosci.* 13, 1990, S. 257-281.

37 E. Pfaffelhuber, »Learning and information theory«, in: *Int. J. Neuroscience* 3, 1972, S. 83-88.

38 G. Palm, »Evidence, Information and Surprise«, in: *Biol. Cybernetics* 42, 1981, S. 57-68.

39 K. Holthausen und O. Breidbach, »Analytical description of the evolution of neural networks: Learning rules and complexity«, in: *Biological Cybernetics* 81, 1999, S. 169-175.

40 K. Holthausen, »A unique solution for Pfaffelhuber's problem?«, in: *Theory in Biosciences* 119, 2000, S. 92-94.

41 O. Breidbach, »Neurologik?«, in: A. Newen und K. Vogeley (Hg.), *Selbst und Gehirn*, Frankfurt am Main 2000, S. 353-363.

42 Vgl. G. Palm, »Information and Surprise in Brain Theory«, in: Rusch/Schmidt/Breidbach (Hg.), *Interne Repräsentationen*, a.a.O., S. 153-173.

43 D. E. Rumelhart und J. L. McClelland (Hg.), *Parallel Distributed Processing.* 1. Foundations, Cambridge/Mass. 1986; D. E. Rumelhart und J. L. McClelland (Hg.), *Parallel Distributed Processing.* 2. Psychological and Biological Models, Cambridge/Mass. 1986.

44 C. M. Bishop, *Neuronal Networks for Pattern Recognition*, Oxford 1995.

45 Vgl. O. Breidbach, »Vernetzungen und Verortungen. Bemerkungen zur Geschichte des Konzeptes neuronaler Repräsentation«, in: A. Ziemke und O. Breidbach (Hg.), *Repräsentationismus – was sonst?*, Braunschweig/Wiesbaden, 1996, S. 35-62.

46 Vgl. M. Kurthen, *Neurosemantik*, Stuttgart 1992.

47 O. Breidbach, »Zur Repräsentation des Wissens bei Athanasius Kircher«, a.a.O.

48 Vgl. G. Palm und A. Aertsen (Hg.), *Brain Theory*, Berlin 1986.

49 Vgl. B. Latour, *Die Hoffnung der Pandora. Untersuchungen zur Wirklichkeit der Wissenschaft*, Frankfurt am Main 2000.

50 M. T. Ghiselin und C. Groeben, »A Bioeconomic Perspective on the Organization of the Naples Zoological Station«, in: M. T. Ghiselin und A. E. Leviton (Hg.), *Cultures and Institutions of Natural*

History. *Essays in the History and Philosophy of Science*, San Francisco 2000, S. 273-285; C. Groeben und M. T. Ghiselin, »The Zoological Station at Naples and its impact on Italian Zoology«, in: A. Minelli und S. Casellato (Hg.), *Giovanni Canestrini, Zoologist and Darwinist*, Venezia 2001, S. 321-347.

51 J. Maienschein, *Transforming Traditions in American Biology*, 1880-1915, Baltimore 1991.

52 I. Jahn, »Biologische Fragestellungen in der Epoche der Aufklärung (18. Jh.)«, in: I. Jahn (Hg.), *Geschichte der Biologie*, Jena 1998, S. 231-273.

53 Vgl. A. Diekmann, Klassifikation – System – »scala naturae«. *Das Ordnen der Objekte in Naturwissenschaft und Pharmazie zwischen 1700 und 1850*, Stuttgart 1992.

54 Vgl. L. Daston, »The physicalist tradition in early ninetheenth-century French geometry«, in: *Studies in the History and Philosophy of Sciences* 17, 3, 1986, S. 269-295.

55 J. O. de Lamettrie, *L'homme machine*, Leiden 1747/48; Laplace zitiert in Augustus de Morgan, *Budget of Paradoxes*, London 1872; vgl. C. C. Gillispie, *Pierre-Simon Laplace. 1749-1827. A Life in Exact Science*, Princeton 1997.

56 G. Frege, »Über Sinn und Bedeutung« (1892), in: Zeitschrift für Philosophie und philosophische Kritik, NF 100, S. 25-50.

57 O. Breidbach, »Zur Repräsentation des Wissens bei Athanasius Kircher«, in: H. Schramm, L. Schwarte und J. Lazardzig (Hg.), *Kunstkammer, Laboratorium, Bühne. Schauplätze des Wissens im 17. Jahrhundert*. Reihe Theatrum Scientiarum, Bd. 1, Berlin/New York 2003, S. 282-302.

58 V. Hösle, *Hegels System*, a.a.O.

59 O. Breidbach, »Rezeptionsschichtungen«, in: *Jahrbuch für Europäische Wissenschaftskultur* 1, 2005, S. 233-258.

60 P. J. Bowler, *Life's Splendid Drama. Evolutionary Biology and the Reconstruction of Life's Ancestry*, Chicago 1996; vgl. auch D. von Engelhardt, *Historisches Bewußtsein in der Naturwissenschaft: von der Aufklärung bis zum Positivismus*, Freiburg 1979.

61 Boethius, *Trost der Philosophie*. Übers. von K. Büchner, Stuttgart 1986.

62 Vgl. Bredekamp/Schneider (Hg.), *Visuelle Argumentationen*, a.a.O.

63 F. W. Taylor, *Principles of Scientific Management*, New York 1911.

64 M. Simunek, »Biotypologie. Der tschechische Beitrag zur Konstitutionswissenschaft der dreißger und vierziger Jahre des 20. Jahrhunderts«, in: D. Preuß, U. Hoßfeld und O. Breidbach (Hg.), *Anthropologie nach Haeckel*, Stuttgart 2006, S. 195-219.

Evolutionen

1 A. J. Ayer, *Language, Truth and Logic*, London 1936.
2 W. Quine, *Ontologische Relativität und andere Schriften*, Stuttgart 1975.
3 L. Wittgenstein, *Über Gewißheit*, Frankfurt am Main 1970.
4 L. Wittgenstein, *Das Blaue Buch. Eine Philosophische Betrachtung*, Frankfurt am Main 2000.
5 W. Quine, *Ontologische Relativität und andere Schriften*, a.a.O.
6 L. Krauth, *Die Philosophie Carnaps*, Wien 1997.
7 W. S. McCulloch, *Embodiments of Mind*, Cambridge/Mass. 1998.
8 H. Gardner, *The Mind's New Science*, a.a.O.
9 J. Assmann, *Das kulturelle Gedächtnis. Schrift, Erinnerung und optische Identität in frühen Hochkulturen*, München 2002.
10 J. Assmann, *Erinnerungsräume. Formen und Wandlungen des kulturellen Gedächtnisses*, München 2003.
11 Vgl. J. Jost, *Dynamical Systems. Examples of Complex Behaviour*, Berlin 2005.
12 Vgl. die wissenschaftsgeschichtliche Umsetzung in: O. Breidbach, *Rezeptionsschichtungen*, a.a.O.
13 Zur Einführung vgl. P. Sarasin, *Michel Foucault zur Einführung*, Hamburg 2005.
14 M. Foucault, *Die Ordnung des Diskurses*, München 1974.
15 M. Foucault, *Archäologie des Wissens*, Frankfurt am Main 1981.
16 Daß dies Foucault weg weg von einer Geschichte der Ideen hin zu einer Geschichte von Unterdrückung und Macht – sowohl im Politischen wie auch im Übergehen des Einzelnen – führt, leuchtet ein.
17 I. Hacking, *Einführung in die Philosophie der Naturwissenschaften*, Stuttgart 1996; O. Breidbach, »Dell'utilità della storia della scienza per una filosofia della scienza«, in: *Intersezioni* XXIII, 2003, S. 501-515.
18 Vgl. P.-U. Merz-Benz und G. Wagner (Hg.), *Die Logik der Systeme*.

Zur Kritik der systemtheoretischen Soziologie Niklas Luhmanns, Konstanz 2000.

19 J. Assmann, *Das kulturelle Gedächtnis*, a.a.O.

20 U. Eco, *Die Grenzen der Interpretation*, München 1995.

21 M. Casciato, M. G. Ianniello und M. Vitale (Hg.), *Enciclopedismo in Roma Barocca. Athanasius Kircher e il Museo del Collegio Romano tra Wunderkammer e museo scientiifico*, Venezia 1986; A. S. Amar, *Encyclopedism. From Pliny to Borges*, Chicago 1990.

22 W. Schmidt-Biggemann, »Robert Fludds Theatrum memoriae«, in: J. J. und W. Neuber (Hg.), *Ars memorativa. Zur kulturgeschichtlichen Bedeutung der Gedächtniskunst 1400-1750*, Tübingen 1993, S. 154-170.

23 G. Camillo, *L'idea del teatro dell'eccellentissimo m. Giulio Camillo*, a.a.O.

Formalisierungen

1 Vgl. M. Minsky, *Computation: Finite and Infinite Machines*, Englewood Cliffs, N. J. 1967.

2 J. J. von Uexküll, *Theoretische Biologie*, Berlin 1920.

3 O. Breidbach und M. Ghiselin, »Baroque Classification: A missing Chapter in the History of Systematics«, in: *Proceedings of the California Academy of Sciences*, 57 (36), 2006, S. 991-1002.

Sandra Mitchell

Komplexitäten

Warum wir erst anfangen, die Welt zu verstehen.
Aus dem Englischen von Sebastian Vogel.
edition unseld 1. 173 Seiten

Eine neue Herausforderung für die Wissenschaft: Die
Welt ist komplex, also sollten es auch unsere Vorstellungen von ihr sein. Die Naturwissenschaften aber haben
traditionell nach einfachen, universalen und zeitlosen Ge-
setzen gesucht. Damit wollten sie die »schwirrende Ver-
wirrung« (»blooming, buzzing confusion«, William James) erklären, die die ungeschulten Sinne dem Geist präsentieren. Aber dieses Unternehmen ist gescheitert. Sandra
Mitchell zeigt, daß uns die Komplexität der lebendigen
Welt dazu zwingt, unsere Denkmodelle radikal zu revi-
dieren und nach einer adäquateren Erkenntnislehre zu suchen. Wer die Welt verstehen will, muß auch verstehen
lernen, warum das Ganze tatsächlich mehr ist als die
Summe der einzelnen Teile.

Sandra Mitchell, Professorin für Wissenschaftsgeschichte
und -theorie an der University of Pittsburgh.

Robert B. Laughlin

Das Verbrechen der Vernunft

Betrug an der Wissensgesellschaft.
Aus dem Englischen von Michael Bischoff.
edition unseld 2. 159 Seiten

Wir leben in einer Wissensgesellschaft, die freien Zugang zu Informationen ermöglicht. Doch ist längst eine paradoxe Situation entstanden: Wissen ist gefährlich. Die Möglichkeiten, Wissen zu erwerben, können zu erheblichen Konflikten führen. »Was darf ich wissen?« Diese Frage könnte in unserem Informationszeitalter zu einer Schlüsselfrage werden. Wer Wissen erwirbt, noch dazu technisches Wissen, kann schnell an den Rand der Legalität geraten. Je mehr Technologien vermögen, desto weniger wird das Wissen über diese Technologien frei verfügbar. Wir müssen uns daher mehr und mehr mit dem bizarren Konzept des »Verbrechens der Vernunft« auseinandersetzen, damit, daß frei erworbene Erkenntnisse aus wirtschaftlichen, politischen oder militärischen Gründen als illegal erklärt werden. Ob es um Atomphysik geht, um Gentechnik oder Computerprogramme – der Physiknobelpreisträger Robert B. Laughlin enthüllt in seinem Essay die Mechanismen der Geheimhaltung von Wissen und zeigt anhand von vielen Beispielen, daß bald ein neues Dunkles Zeitalter beginnen könnte, dessen Kennzeichen nicht Information und Wissen sind, sondern Desinformation und Ignoranz.

Robert B. Laughlin, Professor für Physik an der Stanford University, Nobelpreis für Physik 1998.

NF 653/1/2.08

Rolf Landua

Am Rand der Dimensionen

Gespräche über die Physik am CERN
edition unseld 3. 105 Seiten

Am CERN, dem Europäischen Kernforschungszentrum
in Genf, wird gebaut. Tief unter der Erde entsteht der neue
riesige Teilchenbeschleuniger LHC, der Wissenschaftlern
Zugang zu neuen Phänomenen – und vielleicht zu neuen
Dimensionen – ermöglichen soll. Erwartet werden ent-
scheidende Erkenntnisse über den Zusammenhang von
Raum, Zeit und Materie. So könnte das bisher nur hypo-
thetisch existierende Higgs-Teilchen entdeckt werden, das
allen Bausteinen der Materie ihre Masse gibt. Oder ein Be-
weis für die Existenz supersymmetrischer Teilchen, die
auch die dunkle Materie und damit einen Hauptbestand-
teil des Universums erklären könnten. Rolf Landua hat
seinen Band als Dialog mit einem Forscher des CERN
konzipiert. Darin werden unter anderem die Erwartungen
diskutiert, die mit dem Einsatz des Teilchenbeschleunigers
verbunden sind. Die Gespräche bezeugen die Unge-
wißheit der Grundlagen moderner physikalischer Theorien und sind eine Philosophie über den Rand der Dimensionen, eine Spekulation über das Potential der Naturwissenschaften.

Rolf Landua, Physiker am Europäischen Kernforschungszentrum (CERN), Leiter der CERN-Abteilung für öf-
fentliche Fortbildung.

NF 654/1/2.08

Wolf Singer und Matthieu Ricard

Hirnforschung und Meditation

Ein Dialog.
Aus dem Englischen von
Suanne Warmuth und Wolf Singer.
edition unseld 4. 133 Seiten

Wolf Singer ist einer der weltweit führenden Hirnfor-
scher. Matthieu Ricard war Molekularbiologe und wurde
dann buddhistischer Mönch. Für dieses Buch treten beide
in Dialog über die Beziehung zwischen Hirnforschung
und Bewußtseinstraining. Sie sprechen darüber, welche
mentalen Zustände mit meditativen Praktiken herbeige-
führt werden sollen, welche neuronalen Vorgänge diesen
zugrundeliegen, und sie fragen, ob regelmäßiges Mediti-
ren zu nachweisbaren Veränderungen von Hirnfunktio-
nen führt. Ihr Buch leistet einen wichtigen Beitrag dazu,
den Austausch zwischen Naturwissenschaften und den
kontemplativen Wissenschaften anzuregen. Ein Thema,
das in der Diskussion zentral behandelt wird, sind die
Methoden, mit denen der Geist und menschliche Werte
wie Aufmerksamkeit und Glück trainiert werden können

Wolf Singer, Direktor am Max-Planck-Institut für Hirnforschung in Frankfurt am Main, Gründungsdirektor des
Frankfurt Institute for Advanced Studies (FIAS).

Matthieu Ricard, war Molekularbiologe am Institut Past-
eur in Paris, bevor er buddhistischer Mönch wurde; seit
35 Jahren lebt er im Himalaya.

Josef H. Reichholf

Stabile Ungleichgewichte

Die Ökologie der Zukunft.
edition unseld 5. 138 Seiten

Die Erhaltung der Biodiversität der Erde ist eines der Hauptziele des UN-Zukunftsprozesses. Das soll erreicht werden durch das Bewahren einer statischen Weltsicht. Auch der moderne Naturschutz setzt auf das »Gleichgewicht im Naturhaushalt« und damit auf eine statische Konzeption der Ökologie. Josef H. Reichholf, der als »enfant terrible« des Umweltschutzes gilt, stellt diesen Ansatz radikal in Frage. Er argumentiert: In einer sich wandelnden Welt können Zukunftsziele nicht auf Zustände von gestern oder vorgestern bezogen werden. Ungleichgewichte sind die Triebkräfte der natürlichen Evolution und der wirtschaftlichen und sozialen Entwicklungen. Gleichgewichte dagegen führen zu Erstarrung, in ihrer endgültigen Form sind sie der Tod allen Lebens. Deshalb gilt es, hinreichend stabile Ungleichgewichte zu finden und zu entwickeln – natürliche wie menschliche Vielfalt weisen uns Wege dazu.

Josef H. Reichholf, geboren 1945, lehrt Naturschutz und Ökologie an der Technischen Universität München, leitet die Wirbeltierabteilung der Zoologischen Staatssammlung München.

Bernard Stiegler

Die Logik der Sorge

Verlust der Aufklärung durch Technik und Medien.
Aus dem Französischen von Susanne Baghestani.
edition unseld 6. 183 Seiten

Seit der Aufklärung gilt das Idealbild vom mündigen Individuum, das Verantwortung für sein Handeln trägt. Durch die Übermacht der neuen Medien und den globalen Kapitalismus wird jedoch die Fähigkeit, Verantwortung zu übernehmen, systematisch zerstört. Auch Erwachsene sind tatsächlich keine mündigen Individuen, sondern verharren in einem Zustand der Unreife, der es ihnen unmöglich macht, die jüngere Generation zu Verantwortungsbewußtsein zu erziehen. Ein Generationenvertrag wird aufgelöst und das Leben auf das Lustprinzip, die bloße Gegenwart, reduziert, somit wird Vergangenheit ausgelöscht und eine Zukunft nach den Idealen der Aufklärung aussichtslos. Die Folgen sind eine Infantilisierung der Gesellschaft, strukturelle Verantwortungslosigkeit und eine durch manipulative Medien verursachte gesamtgesellschaftliche Aufmerksamkeitsstörung.

Bernard Stiegler, Leiter der Abteilung »Kulturelle Entwicklung« im Centre Georges Pompidou.

Durs Grünbein

Der cartesische Taucher

Drei Meditationen.
edition unseld 7. 143 Seiten

Hinter einem großangelegten Werk mit dem noch viel größeren Titel »Le Monde« verbirgt sich das ehrgeizigste Projekt des Philosophen René Descartes: In diesem Werk sollten sämtliche getrennten Wissensfäden zusammenlaufen und ein Gewebe ergeben, so dicht gewirkt, daß damit alles unter der Sonne erklärt wäre. Was den Dichter Durs Grünbein zu diesem cartesischen Universum hinzieht, ist gerade nicht der Triumph nüchterner Rationalität. Das Traumhafte jenes Traumprojekts fesselt ihn, das Phantastische hinter den abstrakten Begriffen, der spekulative Höhenflug, den Descartes sich über seinen naturwissenschaftlichen Hypothesen erlaubt, die Spur des Experimentators durchs Dickicht der allerheiligsten Mysterien. Mit seinem Versroman über Descartes (*Vom Schnee*, 2003) hatte Durs Grünbein eine bezaubernde poetische Version des Themas gegeben. Nun fügt sich ein erzählerisch angelegter Essay in drei Meditationen zur Verteidigungsschrift für einen der meistgehaßten Philosophen. Dabei findet sich am Gegenpol des heliozentrischen Weltbildes zugleich der Ursprung des modernen poetischen Ichs.

Durs Grünbein, Dichter und Essayist, lebt in Berlin und ist Professor an der Kunstakademie Düsseldorf.

NF 660/1/2.08

Dietmar Dath

Maschinenwinter – Wissen, Technik, Sozialismus

Eine Streitschrift.
edition unseld 8. 130 Seiten

Es sind bekanntlich nicht die Maschinen, die Maschinen einstellen, sondern Menschen, die Maschinen bauen und einsetzen. Daher ist es nicht länger hinzunehmen, daß Maschinen die Lebensverhältnisse zunehmend verschlechtern, obwohl sie im Ursprung dazu gedacht waren, diese zu verbessern. Selbst in den reichsten Ländern ist von Lebenserleichterung durch Technik nicht mehr viel zu merken. Wie soll man die Maschinen stürmen, um sie in Besitz zu nehmen? Kann man die moderne Arbeitsteilung beibehalten, aber die Hierarchien, Abhängigkeiten und das Unrecht loswerden, die an ihr kleben? Was haben die Industrie, der von ihr geschaffene Reichtum und der von ihr ausgeworfene Schmutz mit Freiheit zu tun? Der Essay *Maschinenwinter* riskiert eine literarische, politische, polemische und spekulative Phantasie darüber, wie man mit Technik Geschichte machen könnte.

Dietmar Dath, Schriftsteller und Übersetzer, von 2001 bis 2007 Redakteur im Feuilleton der Frankfurter Allgemeinen Zeitung.

NF 659/1/2.08